Klasse frauen

USCHI FELLNER

Die kleinen Tricks der Klassefrauen

Was erfolgreiche Frauen von anderen unterscheidet

WIEN · MÜNCHEN · ZÜRICH

Orac

8. Auflage 1994

ISBN 3-7015-0296-X
Copyright © 1993 by Verlag Orac
Im Verlag Kremayr & Scheriau, Wien
Alle Rechte vorbehalten
Schutzumschlag: Gerti Gnan
Coverphoto: News/Paul Harris
Lektorat: Sibylle Pühringer
Satz: Zehetner Ges.m.b.H., A-2105 Oberrohrbach
Druck und Bindung: Wiener Verlag, Himberg bei Wien

Inhalt

Das Aussehen der Klassefrauen 73

Wie Klassefrauen einkaufen 109

Vorwort

Neulich kam ich zu spät ins Theater. Da es sich um eine Premiere handelte, galt Säumigkeit als erschwerender Umstand. Der Billeteur zeigte trotzdem Herz. Ich durfte unauffällig ins Innere des Saales dringen und mich dort am Rande placieren. Angelehnt an die Seidentapete und auf unbequemen Absätzen balancierend, wurde der Abend trotzdem zum Erfolg. Ich machte immerhin eine Entdeckung, die in mir den inneren Grundstein für dieses Buch gelegt hat.

Vor mir stand eine Dame der besten Wiener Gesellschaft. Offenbar ebenfalls zu spät dran und vom Platzanweiser strafweise an die Wand verbannt.

Sie sah mich nicht, ich sah sie gut oder vielmehr: Ich sah, was ich nicht hätte sehen sollen, was aber unvermeidbar war, da ich nun einmal hinter ihr stand. Meine Vorderfrau, sonst in Funk und Fernsehen stets ein Ausbund tadelloser Eleganz und als „Society-Löwin" gerne zitierter Stammgast aller Adabei-Spalten, fühlte sich gänzlich unbeobachtet. Das merkte ich daran, daß sie die Schuhe auszog. Sie vollführte mit den Zehen wippende Bewegungen und praktizierte eine Art gesunde Fußgymnastik. Vermutlich war ihr langweilig.

Dann plötzlich das Unheil: Ein penetranter Piepston riß das friedlich vor sich hin dösende Premierenpublikum aus seiner Lethargie. Köpfe drehten sich hin und her. Mißbilligend. Lauernd. Keiner ortete das Störgeräusch.

Die Dame vor mir war als einzige im Bilde. Das Piepsen kam aus ihrer Chanel-Tasche und stammte von einem darin liegenden Funktelefon. Die nun folgende Szene war von hochwertiger Slapstickqualität: Beharrlich begann die Dame, in ihrem stattlich dimensionierten Beutel zu kramen, erwischte das Telefon aber nicht, um den Piepston zu stoppen. Erregtes Wispern hob an. Vokabel wie „Frechheit", „Unerhörtheit" standen im Raum und drangen an das Ohr der Pechmarie, die den Hörer jetzt zu fassen bekam, ihn aber nicht abstellen konnte. Es piepste lautstark weiter. Also tat sie das Nächstliegende: Sie setzte zum Verlassen des Theatersaales an, kam auf halbem Weg zur Tür drauf, daß ihr die Schuhe an den Füßen fehlten, lief zurück, fand in der Dunkelheit den zweiten Schuh nicht, zog nur einen an und humpelte damit und mit dem noch immer pfeifenden Telefon erneut zur Tür.

Draußen war sie.

Ich brachte ihr den Schuh nach. Und sie war mir, wie sonst selten, sympathisch, weil sie von der astreinen Klassefrau, die sie sonst in der Öffentlichkeit glaubhaft darstellt, zur Mensch gewordenen Unvollkommenheit avanciert war.

Ihr liebenswertes Scheitern war mir Impuls für die Durchleuchtung der vielen Stärken und kleinen Schwächen jener Frauen, die dem Begriff von „Klasse" nahestehen. Dieses Buch soll demnach auch keine Huldigung an die Perfektion sein. Klassefrauen sind nicht perfekt. Sie verstehen es nur besser als andere, selbst aus mißlichen Situationen noch als Siegertyp hervorzugehen.

Meine Society-Löwin etwa schimpfte bei der anschließenden Premierenfeier lautstark über die Unerhörtheit mancher Menschen, Funktelefone ins Theater mitzuführen. Und damit dann nicht einmal umgehen zu können.

Fazit: Auch Frechheit entbehrt nicht einer gewissen Klasse. Das nur als Tip am Rande und zum Auftakt.

Uschi Fellner

Das Image
der Klassefrauen

Das Geheimnis des richtigen Stils

Was macht eine Frau zur Klassefrau? Ihr gutes Aussehen? Ihr treffsicherer Geschmack? Die Kunst des intelligenten Small talks, gekoppelt mit selbstbewußtem Auftreten? Oder genügt eine Handtasche von Chanel, um bei anderen – zumindest vordergründig – Stil zu signalisieren?

Als Journalistin habe ich im Laufe der Jahre viele Dutzend kompetente Antworten auf die Frage nach dem richtigen Stil bekommen. Großteils von Menschen, für die Stil und Klasse nicht nur (beruflicher) Lebensinhalt, sondern auch Berufung bedeutet.

Jil Sander etwa, Deutschlands erfolgreichste Modeschöpferin, definierte Klasse in einem Interview so: „Es ist die Art, sich zu bewegen, zu denken, natürlich auch sich anzuziehen. Klasse zu haben heißt, die eigene Persönlichkeit so zu unterstreichen, daß man nicht ver-kleidet wirkt."

Ihre amerikanische Kollegin Donna Karan, Erfinderin des Body, liebste Modeschöpferin von First Lady Hillary Clinton und derzeit die meistkopierte Designerin der Welt, definiert Klasse wiederum als die richtige Mischung aus Lässigkeit und Erfolg: „Wenn eine Frau zwanzig Designerkostüme im Schrank hängen hat und sich trotzdem die Freiheit nimmt, zu einem wichtigen Geschäftstermin in Jeans und Cowboystiefeln aufzukreuzen – dann hat sie Klasse."

An dieser Stelle sei kurz angemerkt, daß Donna Karans

Zielgruppe die Busineßfrau ab dreißig, in gehobener Karrie-re- und Einkommensposition, ist. Müßig zu sagen, daß es für Berufseinsteigerinnen der letzte einschlägige Termin gewesen sein kann, wenn sie sich den Rat der Designerin (verfrüht) zu Herzen nehmen.

Was in dem einen Fall erfrischende, unkonventionelle Klasse signalisieren kann, wirkt im anderen Fall deplaciert und naiv. Denn Klasse hat, darin sind sich alle Mode- und Stilexperten einig, eine Menge mit dem richtigen Gespür für Situationen zu tun.

Als „das Gegenteil des Gewöhnlichen" definiert Christian Lacroix, Modedesigner aus Paris, die Bedeutung von Klas-se. Sein Mailänder Kollege Giorgio Armani hält den Stil „der Mode überlegen". „Niemand mit Stilbewußtsein", so Armani, „würde seinen Kleidungsstil radikal ändern, um den neuesten Modetrend mitzumachen."

Armanis Mailänder Kollegin Laudomia Pucci, Modede-signerin und Tochter des legendären Emilio Pucci (seine buntbedruckten Leggings avancierten vor einigen Jahren zum weltweiten Trendobjekt), setzt Klasse mit „Eleganz, Charme und Intelligenz" gleich.

Nur Designer Karl Lagerfeld muß auf die Frage, was denn nun unter echter Klasse zu verstehen sei, passen: „Wenn ich's wüßte", sagte der Modekaiser mit der gefürchteten schnellen Zunge, „würde ich die Klasse in Plastiktüten verpacken und verkaufen." Falls Lagerfeld der Geheimfor-mel der Klasse tatsächlich auf die Spur kommt: Einige mei-ner Interviewpartnerinnen der letzten Jahre täten gut dar-an, eine Zehnerpackung dieser Plastiktüten bei ihm zu er-werben!

Ein weltberühmtes, aus Deutschland stammendes Model etwa ließ mich den Unterschied zwischen Schönheit und Klasse bei einem Vieraugengespräch sehr deutlich erken-nen. Die junge Dame, die ich meine, ist das meistfotogra-fierte Covergirl der letzten Jahre und zweifellos eine Au-genweide. Von der Klassefrau ist sie aber so weit entfernt

wie Woody Allen von der Qualifikation zur „Mister-Uni-
versum"-Wahl. Warum? Weil sie die wichtigste aller Klas-
sefrauenregeln (noch) nicht kapiert hat.

Diese lautet: Was Klassefrauen optisch versprechen, sollten sie auch rhetorisch halten. Oder anders ausgedrückt:
Erst durch ihre Persönlichkeit, ihren Witz, Intellekt und
Geist wird eine gutaussehende Frau zur echten Klassefrau.
Die schönste Klassefraufassade fällt in sich zusammen,
wenn die Persönlichkeit dahinter nur mit der Lupe ausfin-
dig zu machen ist.

Die Antwort darauf, was eine Frau denn nun wirklich zur
Klassefrau macht, ist so gesehen auch relativ simpel: Klassefrauen verstehen erstens, das Beste aus ihrem Typ her-
auszuholen. Und sie sind zweitens mit sich und ihrer Rolle
im Leben im Einklang. Egal, ob sie diese Rolle in einer beruflichen Karriere, in der Familie oder in der Vereinbarkeit
von beiden Lebensbereichen sehen. Nur dann, wenn das
äußere Bild mit dem inneren übereinstimmt, wenn also
das Gleichgewicht zwischen „optischer Klasse" und „innerer Klasse" gegeben ist, haben Frauen jene magische Ausstrahlung, die andere zur simplen Feststellung veranlaßt:
„Diese Frau hat Stil."

Geboren wird man zur perfekten Klassefrau natürlich
nicht. Man muß sich die eigene Klasse, das eigene Potential an Stil erarbeiten. So wie man beim Lernen einer
Fremdsprache das Vokabelpauken in Kauf nimmt, muß
man als (angehende) Klassefrau die ungeschriebenen Gesetze des Aufstiegs und des Erfolges akzeptieren. Man muß
lernen, die eigene Klasse freizusetzen. Und so hervorzuhe-
ben, daß andere Notiz davon nehmen.

Dieses Entdecken des eigenen Klassepotentials ist nicht
besonders mühsam und kann sogar ausgesprochen amüsant sein. Vorausgesetzt, man kennt die Tricks, die in der
Liga der Klassefrauen gang und gäbe sind. In diesem Buch
finden Sie sie alle. Scheuen Sie sich nicht davor, sie nachzuvollziehen, denn die erste goldene Klassefrauenregel be-

sagt: Besser, das Gute so nachzumachen, daß es keiner merkt, als das Schlechte selbst erfinden.

Im Vertrauen gesagt: Die prominentesten und schönsten Klassefrauen der Welt sind wahre Meisterinnen im „Abkupfern". Darüber aber mehr im nächsten Kapitel . . .

Und nun greifen Sie in die legale Trickkiste der Klassefrauen. Viel Spaß beim Entdecken und Kultivieren des eigenen Stils. Und dabei, den anderen künftig den entscheidenden Schritt an Klasse voraus zu sein!

Wie Sie Ihr Klassepotential freisetzen: die sechs wichtigsten Erfolgsformeln

Sie, als Leserin dieses Buches, tragen selbstverständlich das Potential zu einer echten Klassefrau in sich. Sie müssen es nur zu nützen verstehen. Die folgenden Kapitel werden Ihnen helfen, Ihre persönliche Klasse zu perfektionieren.

Doch bevor Sie die nachfolgend angeführten „Tricks" ausprobieren und wirksam einsetzen können, müssen Sie sich über Ihr Klassepotential im klaren sein.

Sie haben möglicherweise nicht die Traummaße einer Cindy Crawford, nicht die edlen Gesichtszüge einer Catherine Deneuve und nicht das Geld einer Tita von Thyssen. Dafür könnten Sie eine Latte von eigenen Vorzügen aufzählen, bei denen die drei eben genannten Damen wiederum passen müssen. Könnten – denn Sie tun so etwas normalerweise nicht. Sie wollen keine Angeberin sein. Anstatt Ihre Fähigkeiten ins publikumswirksame Licht zu rücken, pflegen Sie lieber nobles Understatement. Vielleicht betrachten Sie Ihre Vorzüge aber auch als zu selbstverständlich, um sie überhaupt erwähnenswert zu finden.

Das ehrt Sie, liebe Leserin.

Aber es ist falsch.

Falsch verstandene Bescheidenheit ist der umständlichste

und kurvenreichste Weg, der in die Liga der Klassefrauen führt. Mein Vorschlag: Wählen Sie die Diritissima!

Am Beispiel Cindy Crawfords etwa ist ersichtlich, wie man sein Klassepotential mit denkbar einfachen Mitteln freisetzen kann. Und sein Ziel direkt erreicht.

Crawford, eines der begehrtesten Models der Welt und Schönheitsideal für eine ganze Generation junger Frauen, stammt aus DeKalb, einem Vorort von Chicago. In der örtlichen High-School unterschied sie sich im Aussehen kaum von ihren Klassenkolleginnen, geschweige denn, daß sie dem Idealbild eines Supermodels auch nur annähernd ähnlich war. Die 18jährige Cindy hatte zu dicke Oberschenkel, einen ziemlich fülligen Po und einen markanten Leberfleck über der Oberlippe. Trotz dieser keineswegs überwältigenden optischen Voraussetzungen wollte sie sich ihren Lebenstraum erfüllen. Sie wollte Fotomodel werden. Nicht irgendeines, sondern ein ganz besonderes.

Ihre ersten Vorstellungsgespräche bei Fotografen und Modelagenturen verliefen allerdings deprimierend. Man empfahl der durchschnittlichen Schönheit aus Illinois zunächst eine Diät. Um in der Welt des schönen Scheins erfolgreich zu sein, hatte sie um rund zehn Kilogramm zu viel. Gleichzeitig riet man Cindy zur Entfernung des kleinen „Schönheitsfehlers", des Leberflecks im Gesicht.

Den ersten Rat beherzigte sie prompt und kasteite sich ein paar Monate hindurch mit der sogenannten „Model-Diät" (eine der effektivsten aller Diätformen – ab Seite 94 können Sie die Anleitung nachlesen).

Den zweiten Rat ignorierte sie, was dazu führte, daß sie sich derzeit als Starmodel eine goldene Nase verdient.

Der Leberfleck über der Oberlippe wurde zu Cindy Crawfords Markenzeichen, er gilt bei den besten Fotografen der Welt als hocherotisches Detail ihrer Person und mittlerweile als Säule ihres Erfolges. Das Mädchen aus DeKalb machte eine Traumkarriere (bei Fotoaufnahmen verdient sie pro Tag im Schnitt rund 50.000 Mark), weil sie dem glatten

Modelidealbild der späten achtziger Jahre einen Kontra-
punkt entgegensetzte. Statt makelloser Schönheit repräsen-
tierte sie das hübsche Mädchen von nebenan, das, bei allem
guten Aussehen, eben doch nicht ganz perfekt ist.

Darin liegt das Geheimnis ihres Erfolges: Millionen Frauen
auf der Welt können sich mit ihr identifizieren. Und darin
liegt auch das Geheimnis ihrer Klasse: Cindy Crawford hat
es abgelehnt, sich chirurgisch „makellos" stylen zu lassen.
Vielmehr hat sie aus eigener Kraft, mittels Training und
Diät, zuerst ihren Körper in Topform gebracht. Und anschließend, als alles, was sie zur Verbesserung der persönlichen Optik tun konnte, getan war, der Welt gezeigt: Seht
her, da bin ich. Nicht makellos, aber selbstbewußt genug,
um zu mir zu stehen.

Damit hat sie die wichtigsten Regeln zur Freisetzung ihres
Klassepotentials angewendet. Ich will sie hier als „Cindy-
Crawford"-Regeln bezeichnen:

1. Sie hat erkannt, was sie wirklich wollte (nämlich Model
werden).

2. Sie hat die Möglichkeiten gecheckt, die sie ihrem
Traumziel näherführen (Kontakte mit Modelagenturen
und Fotografen knüpfen).

3. Sie hat die für sie tragbaren Möglichkeiten ergriffen (Fi-
gurtraining, Diät; ein chirurgischer Eingriff war für sie
nicht tragbar).

4. Sie hat ihre „Schwäche" zum Stilmittel erhoben (Sie
wissen schon, der Leberfleck) und damit eine Schwäche in
eine Stärke umgemünzt.

Klasse zu haben heißt, auf Details zu achten. Cindy Crawford hat ihre Klasse auf den sprichwörtlichen „Punkt" gebracht. Wobei, das sei ganz deutlich gesagt, abseits der Modelbranche weder ein Leberfleck im Gesicht noch eine Figur jenseits der Idealnorm als Schwäche gilt (und selbst bei
den Models ändern sich diese vermeintlichen „Schwächen" mit der Mode).

Eine wirkliche Schwäche (die jederzeit in Stärke umzu-
wandeln ist), wäre es etwa, wenn Sie berufliche Auslands-
kontakte mit den USA pflegen, aber nicht ordentlich Eng-
lisch können. Oder wenn Sie in der PR-Branche tätig sind,
Kontakte knüpfen und kultivieren sollten, im Grunde aber
menschenscheu und schüchtern sind. Oder auch, wenn
Sie einen Job als Fitneßanimateurin im Ferienclub anstreben und bei 1,60 Meter Größe 200 Pfund auf die Waage
bringen.

Egal, wo Ihre persönliche Schwäche liegt: Die vier kleinen
Erfolgsregeln der Cindy Crawford lassen sich auf sämtliche
Lebensbereiche und Zielsetzungen anwenden.

Vermutlich streben Sie aber ohnehin keine Karriere als Su-
permodel an (wenn doch, spricht auch nichts dagegen).

Sie wollen vielleicht „nur" eine harmonische Partnerschaft.

Oder Erfolg im Beruf.

Oder mehr gesellschaftliche Anerkennung.

Oder einfach besser aussehen.

Oder endlich Ihre Ziele und Träume verwirklichen.

Oder – all das zusammen.

Um Ihr Klassepotential freizusetzen, gibt es neben den
oben erwähnten vier simplen Regeln noch zahlreiche andere Erfolgsformeln. Zusammengestellt von Psychologen, Soziologen, Image- und Unternehmensberatern. Hier ist
nicht der Platz, sie alle aufzulisten, deshalb habe ich die –
wie ich meine – effektivsten und am leichtesten zu bewäl-
tigenden Formeln für Sie herausgefiltert.

Es sind sechs Erfolgsformeln, die Ihnen helfen werden, Ihr
Klassepotential freizusetzen. Sechs Formeln, die – konsequent angewendet – zum Erfolg im jeweiligen von Ihnen
gewählten Lebensbereich führen.

Voilà – setzen Sie Ihre Klasse frei!

Klasse-Formel Nr. 1: **Schauen Sie von anderen ab.**

Abschauen ist legitim. Jeder macht es. Und vor allem: Jeder, der Erfolg hat, hat sich einen Teil seines Erfolges von anderen Erfolgreichen abgeschaut. Alle großen Designer der Welt kupfern ungeniert voneinander ab, Journalisten, Buchautoren, Künstler jeder Spezies – einfach alle tun es (natürlich gibt es aber keiner zu). Sie sollten es auch tun. Abschauen hat nämlich nichts mit plumpem Nachmachen zu tun. Abschauen heißt, sich das Beste von dem, was die anderen zu bieten haben, zu merken und es auf den persönlichen Stil umzulegen.

Ein kleines Beispiel:

Ihre Kollegin hat die Gabe, stets die exakt richtige Mischung aus lässigem und elegantem Kleidungsstil zu wählen, während Sie sich ab und zu in Ihren Kleidern etwas „hausbacken" fühlen. Schauen Sie sich ab, wie die vom Geschmack Begnadete ihre einzelnen Kleidungsstücke kombiniert (glauben Sie mir, auch sie hat ihren Stil nicht selbst erfunden, sondern beinhart von anderen abgeschaut). Trägt sie einen eleganten Blazer zu Jeans? Kombiniert sie lässige Tennisschuhe zum wadenlangen Nadelstreifrock? Wenn es Ihnen gefällt und typmäßig zu Ihnen paßt, dann machen Sie's nach.

Nein, natürlich nicht auf die plumpe Art. Vermeiden Sie es, exakt die gleichen Kleidungsstücke wie die Kollegin zu kaufen. Kaufen Sie ein Outfit in ähnlichem Stil, aber kombinieren Sie es anders. Also etwa einen Hosenanzug im Busineßlook, zu dem Sie (die bei der Kollegin so lässig wirkenden) Tennisschuhe kombinieren. Die Kunst des kultivierten „Abkupferns" liegt darin, daß derjenige, von dem man abschaut, es nicht merkt. Das wiederum kann er auch gar nicht, wenn Sie beim Abschauen stets eine einfache Gleichung berücksichtigen. Diese lautet:

Abschauen + Einbringung des eigenen Stils = maximale Wirkung.

Klasse-Formel Nr. 2: **Bescheidenheit ist keine Zier.**

Dieser Satz sollte Ihnen, als potentieller Klassefrau, in Fleisch und Blut übergehen. Echte Klassefrauen haben begriffen, daß Klappern zum Handwerk gehört. Das eigene Image muß sorgfältig geplant, aufgebaut und letztlich auch erhalten werden. Das klappt aber nur mit einer ausreichenden Portion an „Selbstvermarktung" (man kann es auch „Marketing in eigener Sache" nennen). Damit wir uns nicht mißverstehen: Sie sollen mit Ihren Fähigkeiten nicht protzen oder angeben. Aber Sie dürfen niemals, niemals, niemals – aus falschverstandener Bescheidenheit – Ihr Licht unter den Scheffel stellen. Die Marke Ihres Dienstwagens, die Größe Ihres Büros und sogar die Tatsache, ob es auf der Nordseite im zweiten Stock oder auf sonnigen fünfzig Quadratmetern im obersten Stockwerk liegt, mögen Ihnen persönlich zwar herzlich egal sein – Ihrer Umgebung wird durch solche (auf den ersten Blick überflüssig erscheinenden) Statussymbole allerdings Ihr vermeintlicher Wert suggeriert. Also bestehen Sie in jeder Situation darauf, das Beste für sich zu bekommen. Auch wenn Sie für solche typisch männlichen Eitelkeiten nur ein Lächeln übrig haben: Aufstieg, Erfolg und Status funktionieren (fatalerweise immer noch) nach männlichen Prinzipien.
Falls Ihnen der Gedanke, die männlichen Sandkastenspiele mitzumachen, gar zu unsympathisch ist (Motto: „Meine Schaufel ist aber trotzdem größer als deine Schaufel"), sehen Sie's von der umgekehrten Seite: Solange Männer mit Statussymbolen angeben, sollten Sie als Frau auch nicht darauf verzichten. Bei Ihnen wirkt eine charmant verpackte kleine „Angabe" ohnehin viel sympathischer . . .

Klasse-Formel Nr. 3: **Finden Sie sich gut.**

Das ist vermutlich die wichtigste aller Grundformeln: Stehen Sie zu sich. Man merkt es Ihnen an, wenn Sie es, auch in nicht so wesentlichen Bereichen, nicht tun. Sie finden Ihre Haare zu dünn und ausgefranst? Hören Sie auf, darüber zu jammern. Lassen Sie sich vom besten Friseur der Stadt einen perfekten Schnitt verpassen, und vergessen Sie fortan das Problem. Sagen Sie beim Small talk mit der Partygastgeberin nicht mehr: „Meine Haare sind leider viel zu dünn, was wäre ich froh, wenn ich so eine Mähne wie Sie hätte." Sagen Sie statt dessen: „Ich gehe regelmäßig zu Friseur XY (welcher Name bei Ihrer Gastgeberin Eindruck macht, haben Sie sicher herausgefunden), der Mann hat wirklich goldene Hände. Wenn Sie möchten, kann ich Ihnen probeweise einen Termin vermitteln."

Bedenken Sie: Wer sich von Anfang an (also in diesem Fall beim Kennenlernen) in die schwächere Position begibt, macht bei anderen keinen guten Eindruck. Wer allerdings von sich überzeugt ist und die anderen großzügigerweise am eigenen „Erfolg" teilhaben läßt (Terminvermittlung bei Figaro XY), hat automatisch auch ein selbstsicheres Auftreten und obendrein bei seinem Gegenüber noch einen Stein im Brett.

Wenn Sie sich selbst gut finden und Ihre Selbstüberzeugung charmant vermitteln können, werden Sie auch die anderen Leute gut finden (falls Sie noch Schwierigkeiten mit der richtigen Übermittlung Ihrer Qualitäten haben, tritt Formel Nr. 1 in Kraft).

Klasse-Formel Nr. 4: **Entwickeln Sie Willenskraft.**

Sagen Sie in wichtigen Situationen nicht „ich versuche", „ich möchte", „ich würde gerne einmal" . . . Ersetzen Sie diese „schwachen" Floskeln durch starke Worte: also durch „ich kann", „ich will", „ich werde" (mehr über die richtige „Power-Sprache" im nächsten Kapitel). Erfolg, egal ob beruflich oder privat, kommt nur zu derjenigen, die ihn will. Das ist wörtlich zu nehmen – Ihr Wille ist der Schlüssel zu allem, was Sie sich wünschen. Warten Sie nicht, daß

Sie jemand entdeckt, fördert oder gut findet. Werden Sie
von selbst aktiv: Anstatt sich entdecken zu lassen, gehen
Sie sich vorstellen (so lange, bis es klappt). Anstatt sich
fördern zu lassen (Förderung bringt immer auch einen För-
derer, also eine gewisse Abhängigkeit, mit sich – wollen Sie
die?), sagen Sie: Ich kann dieses und jenes, deshalb will ich
diese oder jene Position. Anstatt auf das Lob anderer Leute
zu bauen, loben Sie sich selbst (siehe Formel Nr. 2). Ganz
wichtig: Hören Sie auf, andere für bestimmte Situationen
in Ihrem Leben verantwortlich zu machen. Der Erfolg liegt
ausschließlich bei Ihnen. Packen Sie's an.

Klasse-Formel Nr. 5: Achten Sie auf Ihre Zeit.

Eine simple, aber sehr wichtige Formel. Klassefrauen haben gelernt, mit ihrer Zeit perfekt hauszuhalten. Das können Sie auch: Finden Sie heraus, zu welcher Tages- oder
Nachtzeit Sie am produktivsten bzw. kreativsten sind.
Diese „Glanzstunden" sind das Kapital für Ihren Erfolg. Sobald Sie Ihren persönlichen Rhythmus kennen (und den
herauszufinden, bedarf wirklich nur eines Minimums an
Selbstbeobachtung), machen Sie sich einen Erfolgs-Zeit-
plan: Ausgiebige Essen, langwierige private Telefonate, un-
nötiges Geplauder mit der Nachbarin und unwichtige Erle-
digungen haben in Ihren persönlichen „Glanzstunden"
nichts verloren. Effektive Zeiteinteilung kann man trainieren wie eine Sportart: Beobachten Sie, womit Sie am häufigsten Zeit vergeuden. Die meisten Menschen neigen dazu, unangenehme, aber wichtige Dinge durch angenehme-
re, aber unwesentliche Tätigkeiten zu ersetzen (so lange,
bis sich das Unangenehme nicht mehr aufschieben läßt
und zum Problem wird).
Ein bewährter Klassefrauentrick, um ungebetene „Zeiträu-
ber" auszutricksen, sind Listen. Listen Sie am Abend auf,
was morgen unbedingt getan werden muß, und zwar nach
Prioritäten geordnet (Manager – oder zumindest deren Se-

kretärinnen – machen es auch nicht anders). Erstellen Sie eine Privatliste und eine Jobliste. Belohnen Sie sich für alle erledigten Unannehmlichkeiten, zumindest am Anfang. Nach ein paar Wochen des konsequenten Listenführens brauchen Sie keine Belohnung mehr. Dann wissen Sie Ihre Zeit optimal zu nutzen.

Klasse-Formel Nr. 6: **Lernen Sie, nein zu sagen.**

Das können Sie nicht? Irrtum. Auch Neinsagen läßt sich trainieren und sogar bis zur Perfektion veredeln. Klasse-frauen sind perfekte Neinsagerinnen. Ein einfaches Bei-spiel: Ivana Trump, geschiedene Dollarmillionärin des New Yorker Bau-Tycoons Donald Trump, wird regelmäßig von Lifestyle-Magazinen abgelichtet. Und zwar für gutes Geld. Jeder, der ein Foto der blonden Society-Sirene ma-chen will, muß vorher einen Vertrag unterschreiben, in dem alle finanziellen Details geregelt sind. Bitten und bet-teln nützt bei Ivana nichts. Wer Fotos will, muß zahlen, sonst heißt es „no". Ivana, die außer der Tatsache, daß sie vor zwanzig Jahren tschechoslowakische Skimeisterin und bis vor drei Jahren die Ehefrau von Donald Trump war, kei-ne besondere Qualifikation vorweisen kann, erreicht durch dieses konsequente Ablehnen kostenloser Gefälligkeiten zweierlei: Erstens erhöht sie ihren eigenen Marktwert, weil alles, was „erkauft" werden muß, wertvoller erscheint. Zweitens umgibt sie sich mit der Aura des Exklusiven. Und genau das ist es, was allzu beflissene Jasagerinnen im Laufe der Zeit verlieren: die Aura der Exklusivität und des Besonderen. Wer ständig für alle anderen Gefälligkeitsdien-ste erledigt, ohne selbst davon zu profitieren, qualifiziert sich – Sie verzeihen mir meine Offenheit – mit der Zeit zum nützlichen Idioten.

„Nein" zu sagen ist oft unbequem und bringt uns in Streß-situationen. Aber nur in dem einen kleinen Augenblick, in dem wir anderen etwas abschlagen.

Wenn Sie derzeit noch zu den Jasagerinnen zählen, die auf Bitte der Nachbarin deren Kleinkinder genauso bereitwillig hütet wie sie die Grünpflanzen der Schwiegermutter versorgt (die alte Dame ist auf Kur, und wer sollte es denn sonst tun?), dann ist es höchste Zeit für Sie, den Grundkurs im „Neinsagen" zu belegen.

Beginnen Sie wie alle Anfängerinnen: Lehnen Sie den Vorschlag (oder Auftrag) Ihres Gegenübers mit einer logisch klingenden Begründung ab. Die kann selbstverständlich erfunden sein, sollte aber glaubwürdig klingen. Wichtiges Detail dabei: Lächeln Sie. Wer lächelt, wirkt entwaffnend offen, das heißt, man traut Ihnen nicht zu, daß Sie die Unwahrheit sagen. Genieren Sie sich nicht, Ihr lächelndes Nein zu Hause vor dem Spiegel zu üben. Sogar Catherine Deneuve hat das Neinsagen auf diese Weise perfektioniert (gestand sie jüngst in einem Interview mit der französischen Bestsellerautorin Françoise Sagan).

Nächste Steigerungsstufe: Lernen Sie, eine Bitte ohne nähere Begründung abzuschlagen. Auch das ist kein Ding der Unmöglichkeit. Wenn Sie keine Lust aufs Babysitten der Nachbarkinder haben (ich sage absichtlich nicht „keine Zeit" – keine Lust zu haben, ist ein mindestens genauso legitimer Grund, um Dinge, die uns nicht wesentlich weiterbringen, abzulehnen), sagen Sie schlicht: „Nein, heute kann ich nicht", schenken Sie dem Bittsteller Ihr charmantestes Lächeln, und wenden Sie sich ab. Nein sagen zu können, bringt Sie weiter, als Sie denken. Sie verzetteln sich nicht mehr mit Unwesentlichem, Sie können sich mehr auf die wichtigen Dinge (die Ihnen, man kann es nicht oft genug betonen, auch wirklich etwas bringen) konzentrieren.

Wenn Sie nein sagen können, dann lassen Sie mich Ihnen symbolisch auf die Schulter klopfen.

Sie haben das Zeug zur Klassefrau.

„Power talking" –
die Sprache der Siegerinnen

Klassefrauen sprechen anders als durchschnittliche Frauen. Das soll kein Angriff auf Ihren persönlichen Dialekt sein. Der ist nicht ausschlaggebend, um verbal Kompetenz zu signalisieren. Wichtig ist nur Ihr Vokabular – denn erfolgreiches Sprechen beruht auf der Macht von kraftvoll klingenden Wörtern (die andere von unseren Fähigkeiten überzeugen).

Der amerikanische Unternehmensberater George Walther prägte für die Fertigkeit des erfolgreichen Sprechens den neuen Begriff „Power talking". „Power talking" kann jeder lernen. Es ist eine Sprachtechnik, die sich am treffendsten als „die Sprache der Sieger" bezeichnen läßt.

Die Philosophie hinter „Power talking": Es ist die verbale Weiterentwicklung des positiven Denkens. Durch unsere Sprache vermitteln wir anderen ein bestimmtes Bild von uns. Wer sich den Vokabeln des „Power talking" bedient, kann sich damit verbal so geschickt wie möglich verkaufen.

Eine prominente Meisterin in der Kunst des „Power talking" ist etwa die deutsche Talkmasterin Margarethe Schreinemakers. Ihr Erfolgsgeheimnis (das gleichzeitig eine der Säulen des „Power talking" ist): „Ich sage geradeheraus, was ich denke und was ich will. Begriffe wie ‚wenn', ‚aber', ‚vielleicht' kommen in meinem Wortschatz fast nicht vor." Glückliche Margarethe! Das selbstbewußte (bis frech) agierende Mundwerk ist ihr von Gott mitgegeben.

Ihnen nicht? Kein Problem. Hier sind die wichtigsten Regeln des „Power talking" zum Nachmachen:

1. Entrümpeln Sie Ihre Sprache, und lernen Sie die Vokabeln des Aufstieges. Verboten sind fortan gängige Floskeln wie „ich versuche es", „ich schaffe das nicht" oder – ganz

schlimm! – „ich kann das nicht". Ersetzen Sie diese negativen Redewendungen in Zukunft durch motivierende, positiv klingende: zum Beispiel durch „ich kann", „ich werde", „ich gebe mein Bestes". Wichtig ist, daß die von Ihnen übermittelte Botschaft eine positive Grundeinstellung widerspiegelt.

2. Vermitteln Sie durch Ihre Aussagen immer einen kompetenten, zuständigen Eindruck. Völlig falsch ist es etwa zu sagen: „Ich bin hier nur die Sekretärin (Verkäuferin, Mitarbeiterin usw.)." Damit degradieren Sie sich selbst zur unbedeutenden Person. Richtig ist, wenn Sie sich in positiven Worten darstellen. Also etwa: „Ich bin hier für das Sekretariat zuständig." Eine Grundthese des „Power talking" besagt: Die anderen behandeln uns so, wie wir uns vor ihnen präsentieren. Denken Sie daran bei Ihrer nächsten Gehaltsforderung: Statt „ich hätte gerne . . ." sagen Sie „ich möchte . . .".

3. Schieben Sie persönliche Leistungen verbal niemals auf „Zufall" oder auf Ihr „Glück". Frauen neigen wesentlich mehr als Männer dazu, ihre eigenen Leistungen durch solche „Entschuldigungen" zu schmälern. Und: Frauen ist es oft geradezu peinlich, zu ihren Erfolgen zu stehen. Im „Power talking" geübte Klassefrauen sind selbstbewußt genug, um Lob für eine Leistung ohne Ausflüchte zu akzeptieren.
Anstelle von „das war reine Glückssache" sollten Sie ein „ich denke, das ist mir wirklich gut gelungen" setzen. Und falls es in dem einen oder anderen Fall wirklich Glückssache war – müssen Sie das jedem auf die Nase binden?

4. Geizen Sie nicht mit Lob für Ihre Umgebung. Geschulte „Power-Talkerinnen" wissen um die Macht von perfekt eingesetztem Lob. Nichts wirkt so entwaffnend wie Lob, das Sie anderen zuteil werden lassen. Sie sollten lobende

Bemerkungen allerdings nicht wahllos in der Gegend verstreuen, sondern ganz gezielt einsetzen. Zum Beispiel bei der Firmenintrigantin, die Sie von Anfang an nicht leiden konnten, weil sie es – wie Sie glauben – auf Ihren Job abgesehen hat. Probieren Sie folgendes: Wenn sie Ihnen das nächste Mal im Büro begegnet, schauen Sie nicht wie üblich kühl durch die Dame hindurch, sondern sagen Sie etwas in der Art von: „Die Aussendung, die Sie gestern gemacht haben, war großartig . . ." Falls Sie noch etwas weiter über Ihren eigenen Schatten springen können, loben Sie ein ganz persönliches Detail an Ihrer Lieblingsfeindin (es genügt die simple Feststellung „Die neue Frisur steht Ihnen großartig!"). Gezielt gestreutes Lob ist im höchsten Maß effektvoll: Es nimmt Ihren Feinden die Lust, sich noch länger mit Ihnen in Feindschaft zu üben.

Noch effektiver als unter vier Augen gespendetes Lob ist nur noch eine Methode: symbolische Rosen, die Sie im Beisein von anderen auf jemanden streuen.

Psychologische Tests haben bewiesen, daß wir uns Personen, die uns vor anderen Menschen loben, innerlich besonders verbunden fühlen und es uns fortan schwerfällt, sie abzukanzeln.

Falls Sie sich also einen besonders loyalen Stab von Mitarbeitern aufbauen wollen, beweisen Sie Klasse, indem Sie sie loben, loben, loben . . .

Die Schlüsselwörter des „Power talking"

Die vier wichtigen Grundregeln des erfolgreichen „Power talking" kennen Sie nun. Was Sie jetzt noch brauchen, sind die richtigen Vokabeln.

George Walther, der Erfinder des „Power talking", nennt diese Vokabeln die „Schlüsselwörter zum Erfolg". „Power"-Wörter unterscheiden sich von anderen Wörtern dadurch, daß sie Kraft und Optimismus suggerieren. Die fol-

gende Liste zeigt Ihnen, welche geläufigen Redewendungen Sie in Zukunft durch „Power-Vokabeln" ersetzen sollten.

Die Phrasen, die Sie vermeiden sollten	Die Power-Vokabeln
Das ist unmöglich . . .	Es wird schwierig, aber es läßt sich machen . . .
Es müßte . . .	Es wird . . .
Hätten Sie Interesse . . .	Ich empfehle . . .
Ich versuche . . .	Ich werde . . .
Ich bin nicht gut darin . . .	Ich mache Fortschritte . . .
Ich würde gerne einmal . . .	Ich werde . . .
Also, ganz allgemein glaube ich . . .	Ich bin der Meinung . . .
Ich sähe nur ungern . . .	Ich möchte nicht . . .
Problem	Herausforderung
Ich hatte Glück . . .	Ich arbeite gut . . .
Ich möchte gerne wissen, wann Sie . . .	Wann werden Sie . . .
Ich müßte irgendwann . . .	Ich will jetzt . . .

Da wir schon einmal „beim Reden" sind: Außer dem kraft-
vollen „Power-Vokabular" gibt es auch ein paar Verhaltens-
tips, die Ihnen bei anderen mehr Gehör verschaffen. Wenn
Sie die folgenden fünf kleinen Tricks beachten, wird man
Sie ob Ihrer rhetorischen Überzeugungskraft in Zukunft in
Erinnerung behalten. Und das wollen Sie doch, oder?

Die Tricks, um bei anderen mehr Gehör zu finden

1. Der Ton macht die Musik. Achten Sie darauf, daß Ihre Stimme nicht zu spitz oder hell klingt (in ärgerlichen Situationen ist das leicht der Fall). Ein tieferes Timbre vermittelt
dem Gegenüber Kompetenz, je piepsiger Ihre Stimme, de-

sto weniger nimmt man Sie ernst. Falls Sie von Natur aus
eher der „Pieps-Kategorie" zugehörig sind: Trainieren Sie
mit dem Kassettenrecorder, Ihre Stimme um ein bis zwei
Tonlagen zu senken. Üben Sie das „Tiefer-Sprechen" ruhig
am lebenden Objekt, und zwar am einfachsten beim Grü-
ßen (wenn Sie das nächste Mal ein Geschäft betreten etc.).

2. Der Brustton der Überzeugung. Er gelingt Ihnen dann, wenn
Sie am Ende eines Satzes die Stimme etwas senken. Wenn
Sie am Ende des Satzes die Tonlage beibehalten (wie bei
einer Frage), wirken Sie unschlüssig und unsicher.

3. Halten Sie Blickkontakt. Ein gesenkter Blick, während Sie
mit jemandem sprechen, wird Ihnen unbewußt als „Unter-
werfungsgeste" ausgelegt. Schauen Sie Ihrem Gegenüber
immer fest in die Augen, auch wenn Ihnen das phasenwei-
se komisch vorkommt. Macht nichts. Halten Sie durch!
Lassen Sie es ruhig auf den Machtkampf mit den Augen
ankommen. Wenn Sie's einmal längere Zeit durchgestan-
den haben, bringt Sie in Zukunft kein Blick mehr aus dem
Konzept.

4. Machen Sie Sprechpausen. Machen Sie im Gespräch ab
und zu eine Pause, in der Sie insgeheim bis drei zählen.
Pausen unterstützen die Wichtigkeit Ihrer Aussagen.
Nichts wirkt für das Gegenüber verwirrender, als wenn jemand sehr schnell und ohne Unterbrechung spricht.

5. Das Wichtigste immer am Schluß. Was Sie am Ende sagen,
bleibt hängen. Wenn Sie länger geredet haben, sollten Sie
das, worauf es Ihnen ankommt, im letzten Satz noch einmal zusammenfassen.

Was der Gang über Sie verrät

Keine Angst: Ich will Ihnen hier nicht erklären, wie Sie
einen Stapel von fünf Büchern so gekonnt auf Ihrem Kopf
drapieren, daß Sie sich damit graziös in Bewegung setzen
und sich solcherart eine elegante Gangart antrainieren
können. Derlei Übungen mögen in Mannequinschulen für
die Kurzweil der Anwesenden sorgen (möglicherweise
auch ein Trampeltierchen zur leichtfüßigen Gazelle umpo-
len), für Frauen, die ihren Lebensunterhalt nicht mit Lauf-
steggetrippel verdienen, sind sie relativ sinnlos.
Ihre Gangart ist Privatsache und obendrein durch gedruck-
te Anweisungen kaum zu ändern. Trotzdem verdient Ihr
Gang ein bißchen mehr Aufmerksamkeit, als Sie bisher
vielleicht dachten. Die Art, wie Sie gehen, sagt viel über
Ihre Persönlichkeit und Ihren Charakter aus. Wissenschaft-
ler der Universität in Kent, Ohio (USA), haben sich jüngst
die Mühe gemacht, die verschiedenen Gangarten „charak-
terlich" zu entschlüsseln – sozusagen die Wahrheit über
„Schritt und Tritt" herauszufinden.
Ich möchte Ihnen diese Gang-Typogramme aus zweierlei
Gründen präsentieren: Erstens, damit Sie künftig schon
vor dem ersten gewechselten Wort wissen, wer (bzw. was)
da auf Sie zukommt. Zweitens, damit Sie sich selbst einer
kleinen Prüfung unterziehen können. Wie gesagt: Die
Gangart läßt immer auf den Charakter schließen. Wenn Sie
sich in einer der geschilderten Gehweisen wiederfinden –
ziehen Sie Ihre Schlüsse . . .
So interpretiert die Wissenschaft die einzelnen Gangarten:

Die Schlenderin. *Kennzeichen:* Das Becken schwingt beim
Gehen lässig mit, die Körperhaltung ist entspannt, die Arme bewegen sich locker mit, und der Kopf dreht sich einmal hierhin, einmal dorthin. Die Schlenderin macht beim
Gehen einen sehr relaxten Eindruck. *Charakterzuordnung:*

29

Typ einer Genießerin, intelligent und insgesamt von lässiger Einstellung. Die große Karriere bleibt ihr meistens versagt, weil sie nicht im geringsten daran interessiert ist.

Die Schleicherin. *Kennzeichen:* Läßt beim Gehen die Schultern hängen, hält den Kopf leicht gesenkt, bewegt sich, auch wenn sie es eilig hat, mit eher schleppenden Bewegungen fort. *Charakterzuordnung:* Ein eher unorganisierter, ängstlicher, pessimistischer Typ. Hat selbst das Gefühl, im Leben nur mühsam voranzukommen.

Die Entengängerin. *Kennzeichen:* Hält die Füße etwas nach außen gedreht und den Po nach hinten ausgestreckt. Ihr Oberkörper schwingt beim Gehen leicht seitlich aus. *Charakterzuordnung:* Ein optimistischer, fast schelmischer Typ, sehr impulsiv, meist gut gelaunt. Kann gut mit Menschen umgehen, daher auch oft in leitenden Positionen anzutreffen.

Die Tripplerin. *Kennzeichen:* Macht winzige Schrittchen, setzt einen Fuß genau vor den anderen, macht beim Gehen eher ruckartige Armbewegungen, hält den Kopf meist starr geradeaus gerichtet. *Charakterzuordnung:* Ist vom Typ her eher furchtsam, unsicher und zaghaft. Läßt sich leicht vereinnahmen und zu Dingen überreden, die sie gar nicht will. Tripplerinnen fordern durch ihr Gehabe den Arm eines „starken Beschützers" geradezu heraus. Und das wollen sie auch.

Die Dynamische. *Kennzeichen:* Bewegt sich mittels langgezogener, federnder Schritte fort, geht sehr gerade, mit durchgestrecktem Rückgrat. Macht beim Gehen deutlich schwingende Armbewegungen. *Charakterzuordnung:* Verfügt über großes Selbstvertrauen, kommt mit sich und der Welt gut zurecht, hat für andere oft eine Art Vorbildfunktion. Außerdem ein sehr sozialer Typ, eignet sich zum Anlehnen und Aussprechen.

Die Kapriziöse. *Kennzeichen:* Geht in der Art, wie es Mannequins am Laufsteg tun: exakt Fuß vor Fuß setzende Schritte, das Becken sanft wiegend, das Rückgrat durchgestreckt, die Schultern im Takt mitschwingend. Wirkt beim Gehen sehr grazil und elegant. *Charakterzuordnung:* Aufpassen! Äußerst unstet, erreicht meist viel im Leben, weiß aber nie, was sie will. Neigt zur Unverläßlichkeit, ist andererseits aber zu großen Gefühlsausbrüchen fähig. Sollten Sie so eine Chefin haben: Herzliches Beileid!

Die Hüpferin. *Kennzeichen:* Kerzengerade Körperhaltung, kraftvolle Schritte, bewegt sich federnd vorwärts. Wirkt beim Gehen sportlich und insgesamt optimistisch. *Charakterzuordnung:* Vertrauenswürdig, spontan, sehr aktiv und dynamisch. Als Führungskraft glänzend geeignet, steckt andere unbewußt mit ihrer positiven Ausstrahlung an.

Die Marschiererin. *Kennzeichen:* Eilt fast immer gestreßt vorwärts, mit eckigen Bewegungen, starrer Kopfhaltung und stark zurückgezogenen Schultern. Weicht nur ungern aus, wenn ihr jemand entgegenkommt. *Charakterzuordnung:* Eher humorlos, oft aggressiv und intolerant. Verbeißt sich gerne in Projekte oder Ideen und reagiert beleidigt, wenn nichts funktioniert. Als Chefin beweist sie Durchsetzungskraft, für die Mitarbeiter ist sie ein Greuel (von Teamwork hält sie nichts).

Die kleinen Tricks der Trendsetterinnen

Warum sehen manche Frauen immer gepflegter, modischer und besser aus als andere?
Weil sie in jene kleinen Tricks eingeweiht sind, die ich hier einmal ganz simpel als die „kleinen Tricks der Trendsetterinnen" bezeichnen will. Damit Sie wissen, wie die

Trickkiste der Trendsetterinnen funktioniert, müssen Sie zuerst allerdings über das „Phänomen Trendsetterin" Bescheid wissen.

Trendsetterinnen sind Frauen, die den Zeitgeist verkörpern. Jede Epoche hat ihre Spitzentrendsetterinnen – in den Sixties waren es Frauen wie die Bardot oder Audrey Hepburn, in den Siebzigern fanden alle die weit auseinanderstehenden Schneidezähne von Lauren Hutton sexy, und in den Achtzigern war Madonna das Idol von Millionen Teenagern.

Derzeit sind die Supermodels die weltweit regierenden Trendköniginnen: Claudia Schiffer, Cindy Crawford oder Linda Evangelista haben mit dem Rang eines einfachen Fotomodels praktisch nichts mehr gemeinsam. Sie sind für Millionen Frauen zu Idolen geworden, zu Leitbildern, die eine 17jährige Disco-Queen genauso modisch inspirieren wie die Chefsekretärin mit Mitte dreißig.

Allgemein gesagt sind Trendsetterinnen Frauen, die sich nicht mit dem zufriedengeben, was gerade in Mode ist, sondern versuchen, etwas noch nicht Dagewesenes zu schaffen. Natürlich werden Claudia Schiffer & Co. von Kopf bis Fuß von den Designern, deren Mode sie am Laufsteg vorführen, eingekleidet. So gesehen schaffen sie also keine eigenen Trends. Daß sie trotzdem als Inbegriff des Zeitgeistes gelten, liegt erstens daran, daß sie die Kreationen der Designer als erste tragen, und zweitens, daß sie durch ihr Aussehen eine gewisse Vorbildfunktion erfüllen. Der deutsche Trendpsychologe Arnd Stein meint dazu: „Die meisten Frauen suchen sich zum Kopieren Frauen aus, die sie bewundern. Man kopiert diejenige, die man selbst gerne wäre."

Soziologen haben den Begriff der „Trendsetterin" längst wissenschaftlich entschlüsselt und in zwei Kategorien unterteilt:

Kategorie Nr. 1 ist die rein imitierende Trendsetterin, die eine „Vormacherin" braucht. Das kann eine Freundin sein, die sich sofort die neuen Chanel-Stiefel kauft, nachdem sie Claudia Schiffer damit in der „Vogue" gesehen hat, oder eine Kollegin, der Ihr kupferroter Haarton so gut gefällt, daß sie selbst ebenfalls fortan in Kupferrot auftritt.

Die meisten „Society-Löwinnen" fallen in die Trendsetter-Kategorie Nr. 1, also in die „Nachmacher-Kategorie": Von Ivana Trump (die zweimal jährlich per Concorde zu den Designerschauen nach Paris jettet und sich dort für die neue Saison ausstaffieren läßt – so gesehen braucht sie nicht viel eigenen Geschmack) bis zu Catherine Deneuve (Muse von Modedesigner Yves Saint Laurent, der sie selbstverständlich mit seinen Kreationen ausstattet), von Caroline von Monaco (gute Freundin von Karl Lagerfeld) bis zur texanischen Ölmilliardärin Lynn Wyatt, die sich regelmäßig Videokassetten der großen Pariser Modehäuser kommen läßt und ihre Garderobe per Fernorder zusammenstellt.

Die imitierende Trendsetterin übt, sofern sie prominent ist, einen nicht zu unterschätzenden Einfluß auf die „Normalverbraucherinnen" aus. Beispiel Ivana Trump: Ihre blonde „Vogelnestfrisur" (gekonnt nachlässig zusammengesteckter Dutt am Oberkopf) wurde, nachdem sie zum ersten Mal damit aufkreuzte, in ganz Amerika zum Trend. Beispiel Catherine Deneuve: Nachdem sie ihr schulterlanges Haar auf Kinnlänge abschneiden ließ, wurde der „Deneuve-Schnitt" in Paris zum gefragtesten „Trendobjekt" des Jahres. „Den Multiplikationswert dieser Frauen darf man nicht unterschätzen", meint etwa auch Suzy Menkes, Modereporterin der renommierten „Herald Tribune". Menkes: „Was Ivana, Catherine und Lady Di tragen, wollen Frauen auf der ganzen Welt haben."

Kategorie Nr. 2 ist die selbst erfindende Trendsetterin. Sie gibt vor, was die anderen tragen, indem sie Trends kreiert. Paloma Picasso, Pablos Tochter und renommierte Accessoire-Designerin (sie entwirft von der Tasche bis zum Lippenstift alles, was gemeinhin unter „Luxus" verstanden wird), fällt zum Beispiel in diese Kategorie. Vor fünf Jahren schockte sie die Pariser Modewelt, als sie bei den „Prêt-à-porter"-Schauen (jene Shows, bei denen die Designer ihre neuen Kollektionen der Presse präsentieren) statt im traditionellen Schwarz in einem knallbunten Cape erschien. Die Folge: Eine Saison später hüllten sich alle in Knallfarben.

Auch Madonna fällt in die Kategorie der „Erfinderinnen": Als sie das Wäschekorsett auf der Bühne zum öffentlichen Kleidungsstück erhob, wurde ein Trend geboren – BHs und Bodys als ausgehtaugliche Oberbekleidung . . .

Zu welcher Trendsetter-Kategorie Sie zählen – zur nachmachenden oder zur selbst erfindenden –, ist für Ihr Image nicht entscheidend. Wichtig ist einzig, daß Sie die Aspekte, die eine Trendsetterin ausmachen, kennen und berücksichtigen. Wichtig ist, daß Sie zum Vorbild für andere werden (auch wenn Sie selbst von einem Vorbild „abschauen" – das muß niemand wissen) und damit als Trendsetterin gelten.

Bevor Sie weiterlesen, noch eine kleine Warnung: Im Licht der Öffentlichkeit als Trendsetterin bestehen zu können, ist harte Arbeit. Echte Trendsetterinnen können sich leider niemals auf ihren Lorbeeren ausruhen, sie müssen, ähnlich einem Sportler, der täglich trainiert, den eigenen Geschmack ständig schulen und weiterentwickeln. Das kann anstrengend werden. Daß (bereits existierende) Trendsetterinnen großteils in der Mode- und Modelbranche zu finden sind, kommt nicht von ungefähr. Wer ständig von den neuesten Trends und Strömungen umgeben ist, tut sich leichter, „am Ball zu bleiben", als jemand, der mit dieser Materie nichts zu tun hat.

Umgekehrt ist ein Job in der Modebranche noch lange kein Grund, als scheinbar geborene Trendsetterin Furore zu machen. Es gibt Boutiquenbesitzerinnen (und Verkäuferinnen), die sich aus falschverstandenem Modebewußtsein zur Karikatur einer Trendsetterin stylen, sich trotz stattlicher Oberweite und ebensolchen Hüften in die kürzesten Stretch-Minis der Saison zwängen und ihren potentiellen

Kundinnen auf diese Art suggerieren wollen: „Egal, wie ihr aussseht, Hauptsache, ihr macht den aktuellen Modetrend mit (und laßt ganz nebenbei noch ein paar Scheine in meiner Boutique)." Und es gibt wiederum Universitätsprofessorinnen, Bankangestellte, Immobilienmaklerinnen oder Sozialarbeiterinnen – kurz, Frauen, die mit der Modebranche nicht das geringste zu tun haben –, die ihrer Umgebung Stilgefühl und Trendbewußtsein vermitteln, ohne krampfhaft modisch zu wirken. Damit ist schon einer der wichtigsten „Trendsettertricks" angesprochen: die „Kunst des Weglassens" von Überflüssigkeiten, von Dingen, die zwar modisch und trendy sein mögen, aber nicht zur eigenen Persönlichkeit passen. Es ist nämlich ein großer Irrtum, daß Trendsetterinnen wirklich jeden Trend mitmachen. In Wahrheit picken sie sich nur jene Trends heraus, die für die eigene Person wie maßgeschneidert sind . . .

Die folgenden „Tricks der Trendsetterinnen" gliedern sich in fünf Bereiche:
1. wie (und wo) man sich richtig informiert,
2. wie man intelligenten Small talk betreibt,
3. wie wichtig das richtige Timing ist,
4. wie die „Kunst des Weglassens" funktioniert,
5. wie man sein eigenes Markenzeichen kreiert.

Jeder der in weiterer Folge ausführlich behandelten Bereiche gibt Ihnen – neben praktischen Tips und Ratschlägen – auch einen kleinen Einblick in die Psyche der sogenannten Trendsetterinnen. Diese mag Ihnen manchmal etwas verquert und nicht immer nachvollziehbar erscheinen. Andererseits: Trendsetterinnen sind eben „anders", denken nicht in festgefahrenen Bahnen und gönnen sich manchmal den Kick des Außergewöhnlichen.
Picken Sie sich aus den nachstehenden Bereichen einfach jene Punkte heraus, die zu Ihrer Person (und Ihrer Psyche) passen. Das sind die Tricks, auf die es ankommt:

Die richtige Information

Nur wer möglichst umfassend informiert ist, kann Kompetenz vermitteln. Ergo: Trendsetterinnen unterscheiden sich von anderen Frauen dadurch, daß sie über ein paar entscheidende Infos mehr als die anderen verfügen. Sie wissen Bescheid darüber, welche Mode in der kommenden Saison in Mailand und Paris gefragt ist (und folglich auch hierzulande zum Trend werden wird). Sie wissen über Filme Bescheid, die demnächst ins Kino kommen, und beispielsweise über ein neues Gourmetlokal, das an Manhattans Eastside seit kurzem für Gesprächsstoff sorgt. Natürlich wissen sie auch darüber Bescheid, wie Trends „gemacht" werden. Denn nur, wer den Werdegang eines Trends einigermaßen nachvollziehen kann (und beispielsweise weiß, daß der neuentfachte Dinosaurier-Boom durch einen bestimmten Film ausgelöst wurde), kann Trends an andere weitervermitteln und selbst als Trendsetter ernst genommen werden.

Wie ein bestimmter Trend überhaupt zustande kommt, ist schnell erklärt, denn der typische Werdegang dafür ist meist ein klassischer: In den Lifestyle-Hochburgen dieser Welt – also etwa in Paris, Mailand, London und New York – existieren sogenannte Trendagenturen (z. B. „Promostyle" in Paris oder „Trend Union" in New York). Das sind professionelle Unternehmen, die eigene „Trend-scouts" zum „Erschnüffeln" kommender Trends beschäftigen. Die Profession dieser gewerbsmäßigen „Spürhunde" ist es, möglichst viele und umfassende Eindrücke zusammenzutragen. Und zwar weltweit. Die „Trend-scouts" beobachten beispielsweise in New York die Jugendlichen auf der Straße, registrieren, wie diese sprechen, welche Kleider sie tragen, welche Musik sie hören. Sie besuchen die Underground-Clubs in London und beobachten soziale und zwischenmenschliche Tendenzen. Sie notieren, ob in Paris, Wien oder Hamburg bei den sogenannten „Opinion-leaders" (also den Meinungsbildnern) eher Luxus- und Prestigedenken oder eine „neue Einfachheit" angesagt ist. All diese Eindrücke werden zusammengetragen und einmal jährlich in sogenannten „Trend-books" zusammengefaßt – das sind dicke Wälzer, in denen die kommenden Farb-, Stoff- und Stiltendenzen, also das kommende „Lebensgefühl", festgehalten sind. Diese Trendbücher wiederum werden an die Industrie verkauft, an Stoffhersteller, Designer und Fabrikanten von Lifestyle-Gütern, die ihrerseits die vorgezeigten Informationen mit eigener Kreativität vermischen.

Wenn ein Designer also letztendlich eine Idee zu Papier bringt, ist er dementsprechend „vor-präpariert". (Das ist auch der Grund, warum die Designer weltweit stets die gleichen „Ideen" zu haben scheinen. Ob 70er-Jahre-Stil oder Dandy-Look – alle greifen in Wirklichkeit nur vorgegebene Tendenzen auf und peppen diese mit Eigenkreativität auf.) Aus der Idee des Designers entsteht eine Kollektion, die dann auf den Laufstegen in New York, Paris und Mailand gezeigt wird. Dort sitzen trendlüsterne Modejournalisten, die das Gesehene wiederum als Trend in ihrer Zeitung propagieren. Die modisch trendigen unter den Frauen kaufen die gezeigten Stücke dann in der nächsten Boutique, ihre Freundinnen machen es ihnen nach. Fazit: Ein Trend ist geboren, und je mehr Menschen ihn kopieren, desto fester etabliert er sich.

Trendsetterinnen kennen diesen Werdegang von Trends zumindest in groben Zügen. Warum typische Trendsetterinnen über neue Tendenzen scheinbar immer besser informiert sind als andere Frauen, ist ein denkbar leicht zu durchschauendes Geheimnis: Sie informieren sich an der „Quelle".

Trendquellen sind zunächst die großen Messen. Die Modemessen in Paris und Mailand, zweimal jährlich (jeweils für die nächste Saison) abgehalten, geben den umfassendsten Überblick über „upcoming" Trends. Wenn Sie selbst nicht in der Modebranche arbeiten, werden Sie kaum die

Mühe auf sich nehmen, nach Paris zu jetten, um dort die neuen Tendenzen aufzuspüren. Die einfachere, billigere und fast genauso effektive Methode: Sie informieren sich aus den Medien. Sie verfügen über Fernseher samt Kabelanschluß? Dann sollten, so Sie sich über neue Trends aus erster Hand informieren wollen, folgende Programme auf Ihrer Watchlist stehen:

Der englische „Super-Chanel" bringt beinahe täglich eine halbstündige „Fashion"-Sendung, die alle wichtigen Mode- und Lifestyle-Trends abhandelt.

Der ebenfalls anglophile Sender „Sky News" bringt mehrmals wöchentlich die Sendung „Fashion TV", die auch über die wichtigsten neuen Trends informiert.

CNN hat die Sendung „Style" im Programm (derzeit jeden Samstag und Sonntag), die über alle wichtigen Lifestyle-Ereignisse der Woche informiert.

Keine Lust aufs Fernsehen?

Dann brauchen Sie folgende Basislektüre, um sich trendmäßig einen möglichst optimalen Überblick zu schaffen: mindestens ein etabliertes Modemagazin pro Monat, z. B. die „Vogue", die als letzter medialer Verfechter der heilen Luxuswelt zwar eine eher antiquierte Lifestyle-Einstellung wiedergibt, aber über wichtige Modetrends anschaulich informiert. Die deutsche Ausgabe der „Vogue" bringt mit ein- bis zweimonatiger Verspätung all jene Themen, die zuvor in einer der internationalen „Schwesterausgaben", z. B. der US-„Vogue", behandelt wurden. Wenn Sie auf rasche Information bestehen, erwerben Sie also gleich eine der internationalen Ausgaben.

Ferner wichtig in der Liste jener Printprodukte, die Ihnen einen trendmäßigen Optimalüberblick schaffen sollen: mindestens ein umfassendes wöchentliches Nachrichtenmagazin, das von der Kultur bis zur aktuellen Außenpolitik fundierte Informationen wiedergibt, weiters zwei bis drei ausländische Lifestyle-Magazine pro Monat, die Ihnen einen Überblick über internationale Tendenzen geben. Die derzeit besten auf dem Markt (in jedem besser sortierten Kiosk erhältlich): das italienische „Moda"-Magazin, das amerikanische „Glamour"-Magazin und die italienische Ausgabe der „Vogue", die am treffsichersten jene Trends aufzeigt, die sich tatsächlich durchsetzen werden.

An dieser Stelle sei noch angemerkt, daß waschechte Trendsetterinnen regelmäßig und gerne einen Blick in die Seiten sogenannter „Yellow-Press"-Zeitschriften riskieren. Es gibt kaum ein beliebteres Small-talk-Thema als den jüngsten Klatsch und Tratsch über Prominente. Wenn Ihre Gesprächspartnerin auf der Party plötzlich lässig einwirft, daß Madonna in fünf Monaten ihr erstes Kind bekommt („Ach, das wissen Sie noch gar nicht? Hat mir gestern meine New Yorker Freundin am Telefon erzählt . . ."), dann fungierte zu 99 Prozent nicht die Freundin aus New York als Informant, sondern die „Bild"-Zeitung . . .

Der intelligente Small talk

. . . womit wir mitten im Thema wären: die Fähigkeit, den richtigen Small talk zu pflegen. Angehende wie bereits etablierte Trendsetterinnen sollten die Kunst des optimalen Small talk unbedingt beherrschen, denn nichts ist dem eigenen Image abträglicher als ein unbeholfener, uninformierter erster Eindruck, den wir bei anderen hinterlassen.

Als Small talk bezeichnet man jene Gespräche, die ganz allgemein unter den Begriff „seicht" fallen. Ein „seichtes" Wortgeplänkel, das meist situationsbezogen ist („Wie hat Ihnen die Aufführung gefallen? Ich fand die Kostüme besonders schön . . .") und seinen Sinn verfehlen würde, ginge es allzusehr in die Tiefe. Obwohl der Small talk eine oberflächliche Angelegenheit ist, gibt es gravierende Unterschiede, was seine Qualität betrifft. Es gibt den völlig nichtssagenden Small talk. Und es gibt den intelligenten Small talk. Ersterer hinterläßt bei unserem potentiellen

Gegenüber im günstigsten Fall überhaupt keinen, im schlechtesten Fall einen negativen Eindruck.
Vergessen Sie ihn also.
Anhand eines ganz simplen Beispiels will ich Ihnen den Unterschied zwischen nichtssagendem und intelligentem Small talk deutlich machen:

Nichtssagender Small talk

„Hoffentlich bleibt das Wetter schön . . ."
Sie zwingen Ihr Gegenüber mit dieser Äußerung zur bejahenden Antwort, denn kaum einer wünscht sich schlechtes Wetter und kann das auch noch begründen. Fazit: Sie haben den Gesprächspartner dadurch von vornherein in die Defensive getrieben, da ihm nur die Möglichkeit zu einer kurzen bündigen Antwort gegeben ist.
Natürlich könnte Ihr Gesprächspartner antworten: „Ja, hoffentlich bleibt es schön, ich möchte nämlich morgen segeln gehen, und zwar am Attersee, wo der Wind immer besonders günstig ist . . ."
So antwortet aber nur jemand, der selbst im Small talk versiert ist – und das können Sie wiederum nicht voraussetzen.

Intelligenter Small talk

„Wenn das Wetter weiterhin so schön bleibt, steht uns ein Jahrhundertsommer bevor. Letztes Jahr um diese Zeit war es noch viel kühler, oder . . .?"
Ihr Gegenüber hat jetzt alle Möglichkeiten zur Antwort. Und genau darauf kommt es an. Intelligenter Small talk beinhaltet erstens eine bestimmte Information (der Jahrhundertsommer), die das eigene Image (= Wissen) positiv darstellt, und zweitens eine Frage, die dem Gesprächspartner die Möglichkeit für vielschichtige Antworten gibt.

Welche Small-talk-Themen besonders gut ankommen, haben US-Soziologen anhand von Testpersonen übrigens genauestens entschlüsselt. Es kann nicht schaden, sie zu kennen.

Die beliebtesten Themen, auf die die meisten Menschen sofort eine Erwiderung wissen und mit ihrem eigenen Wissen „einhaken" können, sind demnach:

1. Situationsbezogene Themen. (Z. B. auf einer Party: „Ist das Buffet nicht großartig dekoriert? Haben Sie Ähnliches schon einmal gesehen . . .?) Der leichteste, millionenfach erprobte Weg, um mit jemandem ins Gespräch zu kommen.

2. Gespräche über Personen des öffentlichen Lebens, die durchaus der Kategorie „Tratsch und Klatsch" zugerechnet werden dürfen. Tests haben ergeben, daß bei Gesprächspartnern, die sich über nicht anwesende Dritte unterhalten, unterbewußt eine Art geistige Verbrüderung stattfindet. Man findet den anderen sympathisch, wenn man mit ihm gegenüber einer dritten Person Stellung bezieht. Vorsicht allerdings vor einer allzu negativen Stellungnahme: Die könnte Ihnen als intrigant ausgelegt werden.

3. Das Wetter. Von „Es wird sicher gleich zu regnen beginnen!" bis zu „Mögen Sie den Winter auch nicht?" eine schier unerschöpfliche Small-talk-Fundgrube. Für Small-talk-Versierte aber fast schon zu banal . . .

4. Die Familie. Ebenfalls ein mit großen Sympathien behafteter Themenbereich. Reden wir über unsere Familie, Kinder etc. (oder fragen wir das Gegenüber danach), signalisieren wir dem Gesprächspartner Verläßlichkeit, Stabilität, Herzenswärme – also lauter positiv behaftete Begriffe.

Daß Trendsetterinnen beim beiläufig gepflegten Small talk oft und gerne über ihre Kinder reden, hat also nicht unbedingt berechnende, aber zumindest doch berechtigte Gründe.

Zuletzt noch eine alte, aber sehr bewährte Small-talk-Weisheit aus den besten Kreisen: Anerkennung, die wir unseren Gesprächspartnern zuteil werden lassen, ist immer noch der direkteste Weg zur positiven Gesprächsanbahnung. Wann immer Sie Ihrem Gegenüber in möglichst angenehmer Erinnerung bleiben wollen: Loben Sie es! Speziell wenn es sich um einen Mann handelt. Männer sind geradezu rührend eitel, trauen sich das aber natürlich nicht zuzugeben und sind dadurch die geborenen Opfer des berechnenden Small talks. Irgend etwas Liebens- oder Lobenswertes hat jeder Mann. Denken Sie daran, wenn Ihnen demnächst ein grau in grau gekleideter Herr vorgestellt wird, zu dessen farbloser Persönlichkeit Ihnen nicht das geringste einfällt. Loben Sie, sagen wir, spontan seine Krawatte („sehr dezent, wirklich angenehm in einer Zeit, wo alles laut und bunt und übertrieben ist . . .").
Er wird Sie ewig in guter Erinnerung behalten und gewiß nur nette Worte über Sie finden.

Das richtige Timing

Trendsetterinnen wollen Trends aufzeigen – also müssen sie ihrer Zeit auch immer eine Spur voraus sein. Wohlgemerkt nur eine Spur – also jenen kleinen, aber entscheidenden Zeitabschnitt, der anderen zeigt: Ich weiß schon jetzt, was Ihr erst morgen wissen werdet.
Ein Zuviel an „Voraus-Sein" nützt dem eigenen Image allerdings genauso wenig wie ein „Hinterherhinken". Wer seiner Zeit um mehr als eine Saison voraus ist, also bereits im Herbst der Umwelt jene Trends präsentiert, die im nächsten Frühjahr tatsächlich ein Trend zu werden versprechen, verpulvert unnötig Munition.

Wenn im Frühjahr beispielsweise ein bestimmter Mode-look aktuell wird, in allen Schaufenstern der Boutiquen präsentiert und in allen Modezeitschriften ins Bild gerückt wird, kann sich kein Mensch mehr daran erinnern, daß Sie als einzige diesen Look bereits im Herbst vergangenen Jahren trugen. Viel eher geben Sie sich, wenn Sie Ihrer Zeit zu weit voraus sind, ein unaktuelles Image (weil jeder an-nimmt, Sie wüßten nicht, was derzeit im Trend liegt). Menschen, die nicht unmittelbar mit der Modebranche zu tun haben (und das sind schließlich die meisten), kennen die Trends der nächsten Saison noch nicht. Falls Ihre Pro-fession also weder die einer Moderedakteurin noch die ei-nes Models ist, greifen Sie die Trends erst dann auf, wenn sie sich gerade in Ansätzen abzuzeichnen beginnen.

Um vor allen anderen an die richtigen „Trendstücke" her-anzukommen, gibt es eine simple Möglichkeit: Sie ver-schaffen sich einen Überblick über die besten Boutiquen der Stadt, wählen davon zwei bis drei aus und etablieren sich dort als Stammkundin. Boutiquen müssen ihre Ware mindestens eine Saison im voraus ordern (wenn also die Herbstgarderobe im Geschäft hängt, ist die Frühjahrsware meist schon bestellt), das heißt, die Einkäuferin der Bouti-que (meist die Besitzerin) ist über die kommenden Trends erstklassig informiert.

Lassen Sie sich mit Katalogen und Broschüren versorgen (die stammen von den Messen oder oft von den Designern selbst, bei denen die Boutique geordert hat), verschaffen Sie sich einen Überblick. Dann lassen Sie sich die besten Stücke im voraus reservieren und tragen sie dann, wenn sie im Geschäft eintreffen. Das ist meist sechs Wochen, bevor der „große Boom" losgeht, also die „normale" Kundschaft ihre neue Garderobe einkauft. Diese Zeitspanne ist kurz, aber entscheidend – und Trendsetterinnen auf der ganzen Welt wissen um ihre Wichtigkeit. Ende August, wenn „Ot-to Normalverbraucher" noch die Sommergarderobe trägt, müssen Sie sich als Trendsetterin schon in den ersten aktuellen Herbststücken präsentieren (nicht im Winterkostüm, aber z. B. in einer bestimmten Bluse, die einen aktuell werdenden Stil repräsentiert, oder in der neuen Farbe des Herbstes). Und Ende Februar, wenn das Stadtbild noch von der Wintermode geprägt ist, sollten Sie, als Trendvorbotin des Frühjahres, bereits mit jenen Accessoires versehen sein, die zwei Monate später alle tragen werden.

So gut, wie Sie jetzt informiert sind, wissen Sie ja, welche das sind . . .

Die Kunst des Weglassens

Echte Trendsetterinnen wissen um die Kunst der richtigen Präsentation. Und sie wissen: Einen Trend zu präsentieren heißt nicht, alle Aspekte dieses Trends an seiner Person zu vereinigen. Das wirkt höchstens übertrieben und peinlich. Wer die „Kunst des Weglassens" beherrscht, wird niemals von Kopf bis Fuß einen auffälligen Modestil zur Schau tragen, sondern nur Details dieses Stils zeigen.

Es kommt nicht von ungefähr, daß fast alle Frauen, die in der Modebranche arbeiten, einen eher simplen, schlichten Kleidungsstil bevorzugen. Und daß die bevorzugte Farbe aller Moderedakteurinnen dieser Welt nichts mit dem aktuellen Farbton der Saison zu tun hat, sondern immer schwarz ist. Wer sich von Berufs wegen viel mit Trends und modischen Spielereien beschäftigt, bevorzugt für sich selbst einen simplen Stil, der die propagierten Trends zwar widerspiegelt, aber nicht übertrieben präsentiert. Modemacher und alle, die sich in deren Dunstkreis bewegen, haben die wichtigsten Regeln des „Weglassens" intus. Sie nachzuvollziehen, ist keine Hexerei.

1. Je edler das Outfit, desto mehr sollte es im Vordergrund stehen. Ein Anzug von Armani wirkt nur dann wirklich gut, wenn er nicht von klimpernden Armreifen, mehrfach

um den Hals geschlungenen Ketten und sonstigen Bijoute-
riezubehör „übertönt" wird. Als Faustregel gilt: Je teurer
das Hauptkleidungsstück, desto sparsamer sollten die be-
gleitenden Stücke eingesetzt werden.

2. Wer auffällige Farben liebt, sollte diese auf höchstens ein
Kleidungsstück beschränken (also z. B. eine pinkfarbene
Jacke zum schwarzen Rock). Wer allzu bunt auftritt, for-
dert negative Schlüsse auf die eigene Psyche heraus. Motto:
„Die hat's notwendig, mit Äußerlichkeiten aufzufal-
len . . ."

3. Wer zu viele Merkmale eines bestimmten Stils zur
Schau trägt, überfordert den Betrachter. Bestes Beispiel:
Verzichten Sie darauf, zum tiefen Dekolleté auch noch den
kürzesten Minirock samt schwarzen Netzstrümpfen anzu-
legen. So eine geballte Ladung Sex treibt selbst den aufge-
schlossensten Betrachter in die Flucht. Wesentlich mehr
Wirkung erzielen Sie etwa im hochgeschlossenen kleinen
Schwarzen, zu dem Sie Netzstrümpfe kombinieren. Die
Wirkung liegt immer im Detail. Und wer zu viele Details
aneinanderreiht, reduziert die Wirkung auf Null.

Wenn Sie selbst noch unsicher sind, was Ihre Wirkung auf
andere betrifft, machen Sie einen kleinen Persönlichkeits-
test. Stellen Sie sich folgende Situation vor: Sie sind auf
einer Party und unterhalten sich mit zwei Damen. Die eine
trägt ein pinkfarbenes Kostüm mit auffällig großen Gold-
knöpfen, dazu pinkfarbene Schuhe, jede Menge Modeschmuck und die Haare kunstvoll aufgesteckt. Sie ist eher
stark geschminkt, der Nagellack paßt im Ton genau zum
Lippenstift, und am Revers ihrer Jacke prangt eine üppige
Stoffrose.
Die andere trägt einen schwarzen, eher einfachen Hosenanzug, eine weiße Bluse, die Haare kinnlang und aus dem Gesicht gekämmt und um den Hals eine zarte Perlenkette.

Daß sie geschminkt ist, sieht man erst auf den zweiten Blick.

Mit welcher der beiden Frauen würden Sie sich spontan lieber unterhalten? Mit der Pinkfarbenen? Oder mit der Schwarzen? Diejenige, auf die ihre (spontane gedankliche) Wahl fällt, repräsentiert am ehesten Ihren eigenen Stil. In übertriebener Form natürlich. Wenn Ihnen die Pinkfarbene sympathischer ist, dann fallen Sie selbst gerne auf (es muß ja nicht unbedingt im grellen Kostüm sein). Fühlen Sie sich mehr von der Schwarzen angezogen, sind Sie ein eher neutraler Typ, der gewöhnlich erst auf den zweiten Blick beeindruckt (dann aber um so nachhaltiger). Falls Sie der schwarzen Typ-Kategorie zugehörig sind, ist die Kunst des Weglassens für Sie vermutlich kein Problem. Sie werden das Auge Ihres Betrachters kaum durch überstyltes Gehabe überfordern.

Falls Sie der pinkfarbenen Kategorie näherstehen, halten Sie sich an folgendes Prinzip: Greifen Sie zu höchstens zwei auffälligen Accessoires, also z. B. zu großen Ohrringen und einem breiten Armreifen. Wenn Sie zu diesen beiden Stücken noch einen Chiffonschal um den Hals drapieren, ein paar Ringe mit einer Ansteckbrosche um die Wette funkeln lassen und die Haare mittels glänzender Metallspangen zu bändigen versuchen, mögen Sie zwar durchaus einen glänzenden Eindruck hinterlassen. Als Trendsetterin behält man Sie aber garantiert nicht in Erinnerung.

Das Schaffen eines Markenzeichens

Designerin Jil Sander benutzt kaum Make-up und trägt ausschließlich Hosen (obwohl sie selbstverständlich auch Röcke und Kleider kreiert).

Paloma Picasso legt knallroten Lippenstift auf, bevor das Objektiv einer Kamera in ihre Nähe dringt.

Jackie Onassis begegnet uns in den internationalen Gesellschaftsspalten seit Jahrzehnten mit kinnlang geschnittenem, aus der Stirn frisiertem Pagenkopf.

Sophia Loren hat noch keiner ohne ihren berühmten (und gekonnt geschwungenen) Lidstrich zu Gesicht bekommen. Und die englische Queen, die hier wahrlich nicht als krönendes Beispiel einer Trendsetterin angeführt werden soll, tritt niemals ohne eine ihrer merkwürdigen kleinen Handtaschen (stets passend zum Farbton des Kostüms) in der Öffentlichkeit auf.

So wenig die genannten Damen äußerlich miteinander gemeinsam haben, so ähnlich sind sie sich in einem Punkt: Sie haben jede für sich ein individuelles Markenzeichen – ein positives Merkmal, das sie in den Augen der Öffentlichkeit unverwechselbar macht.

Unverwechselbarkeit ist die wichtigste Voraussetzung für potentielle Trendsetterinnen. Durch ein persönliches Markenzeichen, einen Stil, der untrennbar mit Ihrer Persönlichkeit verknüpft ist, strahlen Sie diese Unverwechselbarkeit aus. Ihre Kleidung, Ihr Gang, Ihre Frisur, Ihre Art zu sprechen oder einfach nur eine ganz bestimmte Lippenstiftfarbe kann zum Markenzeichen werden. Wichtig ist, daß dieses Markenzeichen mit Ihrer Persönlichkeit im Einklang steht.

Die folgenden drei Tricks können Ihnen helfen, sich Ihr persönliches Markenzeichen erfolgreich „auf den Leib zu schneidern". Sie stammen von amerikanischen „Coaching-Experten", also Menschen, die von Berufs wegen anderen dabei helfen, sich ins beste Licht zu rücken.

1. Ein Markenzeichen sollte immer Ihre besten Seiten, also Ihre Vorzüge betonen. Ein Beispiel: Wenn Sie einen eher grazilen Körperbau und einen damit verbundenen leichten, federnden Gang haben, ist es kein Problem, diese Gangart so zu kultivieren (üben vor dem Spiegel, mit Video etc.), daß daraus ein positives Markenzeichen wird. Sind Sie eher ein Typ, dessen Gang nicht weiter auffällt, weil Sie eben

einfach „gehen" und sonst gar nichts, kann der Gang nie zu Ihrem Markenzeichen werden. Sie haben dafür vielleicht auffallend dichte Haare, die, mit dem richtigen Schnitt versehen, sehr wohl als Markenzeichen taugen. Fazit: Positive Anlagen lassen sich fast immer zum Markenzeichen umsetzen. Negative Anlagen lassen sich zwar in positive umwandeln, aber das Potential zu einem Markenzeichen beinhalten sie kaum.

2. Ein persönliches Markenzeichen drückt die Identität des Trägers aus – das heißt, Sie verkaufen sich durch Ihr Markenzeichen der Umwelt so, wie Sie wollen, daß die Umwelt Sie einschätzt. Die morbid rot geschminkten Lippen einer Paloma Picasso symbolisieren: „Achtung – hier kommt ein Vollweib, das weiß, was es will." (In weiterer Folge symbolisiert sie: Wenn ihr meine Lippenstifte kauft, werdet ihr wie ich zum Vollweib.) Die stets „pur" auftretende Jil Sander symbolisiert durch ihre ungekünstelte, Make-up- und schmuckfreie Erscheinung: „Ich bin eine starke Persönlichkeit – ich habe es nicht nötig, durch Zubehör von meiner Person abzulenken."
Wenn Sie um diese Mechanismen wissen, ist es leichter für Sie, ein in Ihnen „schlummerndes" Markenzeichen zu kultivieren.

3. Markenzeichen haben oft mit unerwarteten Details, mit sogenannten „Stilbrüchen", zu tun. Die Designer machen es uns vor: Giorgio Armani etwa, der die Kunst des eleganten Stilbruchs so perfekt wie kaum ein zweiter beherrscht, nötigt seinen Models als Accessoires zum strengen Nadelstreifanzug gerne lässige Tennisschuhe und T-Shirts auf. Dieser Stilbruch zwischen Lässigkeit und teurer Eleganz ist sein Markenzeichen.
Stilbrüche eignen sich hervorragend zur Schaffung eines Markenzeichens: Wenn Sie einen kurzen, sportlichen Haarschnitt tragen und eine aufregende, tiefdekolletierte

Abendrobe anlegen, wirkt Ihr Outfit – trotz Stilbruchs– wesentlich besser, als wenn Sie zum Vampkleid auch noch eine Vampmähne präsentieren. Umgekehrt: Wenn Sie lange, feminine Locken tragen und sich eher streng anziehen (Hosenanzug etc.), bleiben Sie Ihrer Umgebung nachhaltiger in Erinnerung, als wenn Sie die Locken mit einem betont weiblichen Look kombinieren.

Probieren Sie aus, welcher Stilbruch am besten zu Ihnen paßt. Und Sie haben ein Markenzeichen gefunden, das derzeit noch dazu sehr im Trend liegt.

Das Styling
der Klassefrauen

Dress for success

„Das oberste Prinzip der Mode ist,
daß wir uns in unseren Kleidern wohl fühlen.
Nichts wirkt uneleganter als eine Frau,
die sich in dem, was sie trägt, unsicher fühlt."
Coco Chanel über das Styling der dreißiger Jahre

„Frauen brauchen ein modernes System von Kleidung,
das aufeinander abgestimmt ist und deshalb Zeit spart.
Sie brauchen Kleidung, in der sie nicht nur selbstbewußt aussehen,
sondern sich auch so fühlen."
US-Designerin Donna Karan über das Styling der neunziger Jahre

Obwohl zwischen diesen beiden Zitaten mehr als sechzig Jahre liegen, übermitteln sie die gleiche Botschaft. Nämlich daß Mode erst in zweiter Linie mit „modisch sein" zu tun hat, in erster Linie aber mit Lebensgefühl und Wohlfühlen.
Beide der oben zitierten Modeschöpferinnen waren (und sind) Ihrer Zeit voraus, weil beide erkannt haben, daß Frauen keine statischen Kleiderpuppen sind, die es möglichst raffiniert zu behängen gilt, sondern einfach Menschen, die sich bekleidet von ihrer besten Seite zeigen wollen. Und zwar ohne daraus eine großartige Philosophie zu machen.
Coco Chanel, die große französische Modeschöpferin, er-

kannte als erste, daß Bekleidung nicht das geringste mit Ver-Kleidung zu tun hat. Sie schuf, nach einer Zeit der strengen Korsette und bockigen, den Körper wie ein Panzer umschließenden Stoffe, ein gänzlich neues Modebewußtsein und revolutionierte den gängigen Begriff von Eleganz. Coco kreierte für Frauen Hosen, flache Schuhe und Jakketts, die so bequem wie weiche Strickjacken geschnitten waren. Als Material für ihre lose geschnittenen Kleider verwendete sie Jersey, einen Stoff, der bis dahin nur bei Männerunterwäsche Verwendung fand. Ihr Prinzip war ein bis heute gültiges: „Frauen brauchen Kleider, in denen sie sich bewegen können und gut aussehen."

Donna Karan, First Lady der amerikanischen Textilindustrie, hat Cocos Prinzip in die neunziger Jahre transferiert. Sie erkannte, daß Frauen heutzutage zuviel um die Ohren haben, um sich morgens auch noch eine Viertelstunde mit der Frage nach dem richtigen Outfit zu beschäftigen. Ihre (mittlerweile von Dutzenden Designern kopierte) Lösung des täglichen Anziehproblems: Sie erfand den flexiblen „Busineß-Look" – eine Garderobe, die aus miteinander kombinierbaren „Basics" (Basisteilen) besteht, die, wie immer man sie kombiniert, perfekt zueinander passen. Karans oberstes Modeprinzip: Jedes Teil muß bequem und funktionell sein, die Pluspunkte der Figur hervorheben und die Minuspunkte raffiniert kaschieren.

Damit bringt Donna Karan – wie vor ihr schon Coco in den dreißiger Jahren – jene entscheidenden Faktoren auf den Punkt, die über gut oder schlecht angezogen entscheiden:

1. Ein Outfit, das zwar hochmodisch ist, uns aber durch ständiges Zurechtzupfen der Säume am „entspannten" Tragegefühl hindert, ist ein schlechtes Outfit.

2. Gut angezogen sind Frauen dann, wenn ihre Kleidung vorhandene Stärken hervorhebt.

Wenn Sie zum Beispiel lange Beine haben und der Po zu Ihren starken Seiten gehört, werden Sie in (fast) jeder Hose eine gute Figur machen. Egal, ob sie aus der Designer-Boutique stammt und ein halbes Monatsgehalt kostet oder ob Sie sie im Jeansladen um die Ecke erwerben.

Umgekehrt werden Sie im Minirock von Karl Lagerfeld genauso eine unglückliche Figur abgeben wie in einer wohlfeilen Kopie aus dem Kaufhaus, wenn Ihre Ausmaße das Limit der gängigen Konfektionsgrößen überschreiten.

Wie wichtig die richtige Auswahl der Garderobe nicht nur für das persönliche Wohlbefinden, sondern auch für die Karriere ist, kann mittlerweile jeder Personalchef bestätigen. Der weiß nämlich längst, daß die Dame, die auf roten 10-Zentimeter-Absätzen in sein Büro stöckelt und eine Wolke süßlich-schweren Parfums hinter sich herzieht, zwar nach Dienstschluß eine nette Begleitung abgeben würde, für den ausgeschriebenen Posten der Marketingleiterin aber nicht optimal geeignet ist.

Das wissen Sie natürlich auch, deshalb wollen wir uns hier nicht mit derlei simplen Garderobecodes aufhalten.

Viel interessanter ist, was es mit der Devise „Dress for success" tatsächlich auf sich hat. Und wie Sie diesen Begriff für sich persönlich so umsetzen können, daß Sie fortan „erfolgreich" angezogen sind (auf die genauen „Dress-for-success"-Regeln kommen wir noch zu sprechen).

Tatsache ist nämlich, daß Ihre Gaderobe den anderen viel über Sie erzählt und dementsprechend kritisch begutachtet wird. Die richtigen Kleider können Ihnen helfen, sich im Arbeitsumfeld selbstbewußt zu behaupten. Die falschen können zum „Karrierehemmer" werden. Natürlich kann Kleidung nur unterstützend wirken – wer nichts im Kopf hat, dem verhilft auch das sündteure Kaschmirkostüm nicht zum Karrieresprung oder zum Traumjob. Trotzdem sollten Sie die Wirkung Ihrer Kleidung auf andere nicht unterschätzen: Nach einer Umfrage in deutschen Großunternehmen meinen immerhin über neunzig Prozent der befragten Führungskräfte, daß Mitarbeiter erfolgreicher sein könnten, wenn sie sich besser kleiden würden (hier muß es unbarmherzig angeführt werden: Das gilt selbstverständlich auch für Männer!).

Warum die Schränke zum Platzen voll sind, die meisten Frauen aber trotzdem am gefürchteten „Ich-hab-nichts-Richtiges-zum-Anziehen-Syndrom" leiden, liegt großteils am fast unüberschaubaren Angebot von Modestilen, die uns die Textilindustrie zweimal jährlich als letzte Verheißung oktroyiert.

Designer und ihre Protagonisten haben beim Entwerfen neuer Modekollektionen den gleichen Hintergedanken wie Millionen andere Unternehmer, die fernab der Modebranche ihren Geschäften nachgehen: Sie wollen Geld machen, und zwar möglichst viel in möglichst kurzer Zeit. Das hehre Motiv der „Berufung" (kein Designer, der nicht aus „Berufung" die Frauen mittels seiner Entwürfe in eine bessere Welt entrücken will) ist eine überlebensnotwendige PR-Strategie. Denn natürlich kann Lagerfeld nicht öffentlich zugeben, daß er das Comeback der langen Röcke nicht aus reiner Menschenfreundlichkeit ausgerufen hat, sondern deshalb, weil nach Jahren der Mini-Mode mit derselben einfach keine Geschäftsbelebung mehr zu erzielen ist. Das Ergebnis derlei wirtschaftlicher Strategien: Die arglose Konsumentin textiler Hüllen wird mit innovativen Designerideen so lange bombardiert, bis ihr die Ohren sausen. Sprich: Bis sie kauft, was die Industrie von ihr erwartet.

Galt im Frühjahr der lange Rock noch als allerletzter Schrei, welkt seine Ära im Herbst bereits dem Ende entgegen. In dutzenden Modemagazinen wird mit Nachdruck zur Eile angetrieben: Vergessen Sie die langen Kittel, greifen Sie statt dessen zum kleidsamen Hosenensemble! War der 70er-Jahre-Look, mit allen wiederaufgewärmten Begleiterscheinungen wie Glockenhosen und Rüschenblusen, im Sommer das Nonplusultra, wird er im Winter endgültig Legende. Pech gehabt, wenn Sie den Schrank nun

voller Glockenhosen haben und noch dazu die Miniröcke
vom letzten Jahr Ihrer weniger trendbewußten Freundin
schenkten. Karl Lagerfeld hat soeben die neue Ära des „Mi-
kro-Minis" ausgerufen, das sind Röcke, deren Ausmaße die
eines Hüftgürtels knapp unterbieten. Sollten Sie dummer-
weise nicht mehr siebzehn sein und sollte Ihr Gewicht die
Schmerzgrenze von vierzig Kilogramm überschreiten, vergessen Sie den Mikro-Mini nachgerade, und holen Sie statt
dessen die Rüschenbluse vom Sommer hervor (Sie erinnern sich: der 70er-Jahre-Look!). Die paßt nämlich, sofern
sie nicht (wie im Sommer noch als zwingend vorgeschrie-
ben) bauchfrei geschnitten ist, grandios zum neupropagier-
ten „Romantik-Stil", der zu seiner Komplettierung nur
noch ein paar Samtanzüge mit passender Brokatweste und
Stiefeletten mit Schnürverschluß benötigt.
Sollten Sie jetzt verwirrt sein, befinden Sie sich in bester
Gesellschaft. Nahezu alle Mode-interessierten Frauen dieser Welt sind es jede Saison aufs neue.
Um sich im Dschungel der sich ständig ändernden Stile,
Trends und Modeströmungen zurecht zu finden, gibt es
nun drei Strategien:

1. Sie bleiben Ihrem einmal gewählten Stil treu und haben
für saisonbedingten Firlefanz nicht einmal einen Seiten-
blick übrig. Vorteil dieser Einstellung: Die Modeindustrie
beißt sich an Frauen wie Ihnen die Zähne aus, denn auch
wenn die Rocksäume steigen und fallen wie die Achter-
bahn auf der Kirmes, schlüpfen Sie seelenruhig in Ihre
Jeans, fühlen sich wohl und denken sich Ihren Teil. Der
Nachteil: Es entgeht Ihnen eine Menge Spaß, da es an sich
ja recht lustig ist, was Neues auszuprobieren . . .

2. Sie beweisen ständig Mut zum Risiko, probieren alle Stile durch und werden dabei immer unsicherer. Zwar kommen Sie sich in den neuerworbenen Overknee-Stiefeln, deren Schaft bis zur Mitte der Oberschenkel reicht, etwas

merkwürdig vor, andererseits ist erlaubt, was gefällt. Ihnen gefällt es möglicherweise nicht, aber vielleicht den anderen. Vorteil dieser Einstellung: Sie tragen durch Ihre Existenz zur Sanierung der allgemein als zerzaust geltenden Textilindustrie bei. Nachteil: Sie geben Unmengen für Mode aus, ohne wirklich Ihren Stil gefunden zu haben und zu wissen, was Ihnen steht.

3. Sie gehen mit System vor und bauen Ihre Garderobe nach dem „Dress-for-success"-Prinzip sinnvoll auf. Die Philosophie hinter „Dress for success" besagt nicht, daß sich fortan alle Frauen in aktenkofferschwingende Einheitswesen verwandeln sollen und Kleider tragen, die dem berufsmäßigen Fortkommen dienlich sind. „Dress for success" bedeutet übersetzt zwar sinngemäß „sich so anziehen, daß man Erfolg hat", geht aber über das Know-how einer richtig zusammengestellten Karrieregarderobe weit hinaus. Der Vorteil von „Dress for success": Sie haben, sofern Sie sich an die wichtigsten Regeln halten, nie wieder ein Problem mit Ihrer Kleidung. Nachteile: Bis jetzt nicht bekannt.

Bevor Sie weiterlesen, bemühen Sie sich doch bitte kurz zu Ihrem Kleiderschrank. Hängen Sie all jene Stücke zur Seite (oder nehmen Sie sie heraus), die Sie in den letzten zwei Monaten häufig getragen haben, gewissermaßen also Ihre Lieblingsstücke.
Wie viele sind das? Ich wette mit Ihnen, es sind nicht mehr als zwanzig, inklusive Ihrer Lieblings-T-Shirts.
Vergleichen Sie diese Auswahl jetzt mit dem Rest Ihrer Garderobe. Wieviel hängt noch im Kasten? Vermutlich der Löwenanteil. Wenn Sie von der verbliebenen Garderobe jetzt jene Stücke abrechnen, die Sie jahreszeitbedingt während der letzten zwei Monate nicht getragen haben, bleibt immer noch eine Menge übrig.
Durchschnittlich, um jetzt ein bißchen Statistik ins Spiel zu bringen, siebzig Prozent des Schrankinhalts.

Siebzig Prozent einer durchschnittlichen Garderobe sind überflüssig. Wenn Sie die altvertrauten Stücke, die Ihnen vermutlich seit Saisonen den Platz verhängen, schon sehr lange nicht mehr getragen haben, könnten Sie jetzt folgendes tun: Sie könnten sich einen inneren Ruck geben, die Sachen zusammenpacken und endgültig aus dem Haus schaffen. Was für die Caritas zu schade ist, verschenken Sie oder deponieren Sie in einem guten Secondhandshop.

Sie denken gar nicht daran, künftig auf den vertrauten Anblick von unnütz im Schrank hängenden Kleidungsstücken zu verzichten? Dann lassen Sie mich noch einmal die Statistik zitieren: Die besagt, daß wir Kleider, die länger als ein Jahr nicht mehr getragen wurden, auch fortan nicht mehr anziehen. Trotzdem mustern wir sie normalerweise erst nach zwei, drei, vielleicht auch erst fünf Jahren aus. Erst dann haben wir die einstigen „Fehlkäufe" innerlich verschmerzt und können uns trockenen Auges davon trennen.

Noch einmal: Was Sie länger als ein Jahr lang nicht mehr getragen haben, werden Sie zu neunundneunzig Prozent auch in Zukunft nicht mehr tragen.

Wie wäre es, wenn Sie sich also jetzt sofort den erforderlichen Ruck geben und den apfelgrünen Rock (er hat Sie schon am Tag seines Erwerbes unglücklich gekleidet), die zu eng gewordenen Jeans, die orangerote Stretchhose (damals in Ibiza gekauft) und die Jacke mit den viel zu breiten Schultern (nein, die werden auch in den nächsten fünf Jahren nicht mehr modern) endlich dorthin schaffen, wo die Stücke besser aufgehoben sind: *außerhalb Ihres Schrankes.* Geschafft? Gratulation!

Sie haben die wichtigste „Dress-for-success"-Regel soeben erfüllt. (Natürlich haben Sie gemogelt: Das pinkfarbene Cocktailkleid mit den Marabufedern am Ausschnitt hängt immer noch da. Sie trugen es zuletzt vor vier Jahren auf einer Party und kamen sich darin ziemlich aufgetakelt vor. Aber die Hoffnung, daß es Ihre jetzt achtjährige Tochter

später einmal kleiden könnte, sei Ihnen unbenommen . . .)
Die nachfolgenden „Dress-for-success"-Tips zur erfolgreichen Zusammenstellung Ihrer Garderobe kosten Sie bei
der Ausführung weniger Überwindungskraft. Sämtliche
nun angeführte Hinweise beruhen auf der Erfahrung von
professionellen Typ- und Imageberatern, sogenannten
„Personality-Stylisten", die vor allem in Amerika als Out-
fit-Ratgeber erfolgsorientierter Berufsanfänger etabliert
sind. Sie beruhen außerdem auf Tips von Designerinnen
wie Jil Sander oder Donna Karan und auf Erfahrungen eini-
ger ständig aus dem Koffer lebender Supermodels (wie Linda Evangelista oder Cindy Crawford).
Lesen Sie, wie „Dress for success" in der Praxis funktionieren kann.

Die Garderobe-Prinzipien

Garderobe-Prinzip Nr. 1: **Stellen Sie ein persönliches Farbschema auf.**

Jede Garderobe sollte auf einer bestimmten Basisfarbe aufgebaut sein – damit machen Sie sich das Kombinieren
künftig denkbar einfach. Die Basisfarbe sollte neutral sein,
also etwa Dunkelblau, Grau, Schwarz oder ein Beige-Ton.

Garderobe-Prinzip Nr. 2: **Bauen Sie sich eine sinnvolle Grundgarderobe auf.**

Die Grundgarderobe muß Ihre Bedürfnisse in jenem Umfeld abdecken, in dem Sie sich großteils bewegen. Wenn Sie
in einer Bank arbeiten, ist es wenig sinnvoll, sich eine An-
sammlung an exotischen Trendstücken zuzulegen. Investieren Sie lieber in drei bis vier klassische Kombinationen
(die ja trotzdem lässig sein können) als in zwanzig verrück-
te modische Kinkerlitzchen.

Garderobe-Prinzip Nr. 3: **Investieren Sie Zeit in Ihre Kleidung.**

Informieren Sie sich über Trends und darüber, wo sie welche Stücke in Ihrer Stadt bekommen. Dann machen Sie sich einen Shopping-Plan, nach dem sie vorgehen. Planen Sie für den Erwerb einer neuen Grundgarderobe mindestens zwei volle Shopping-Tage ein. Spontankäufe sind nur in den seltensten Fällen auch gute Käufe. Als Faustregel für den Kauf gilt: Nehmen Sie sich zum Anprobieren eines neuen Teils mindestens zwanzig Minuten Zeit, kombinieren Sie es bereits im Geschäft mit anderen Teilen – bis Sie absolut sicher sind, daß es zur restlichen Garderobe paßt.

Garderobe-Prinzip Nr. 4: **Investieren Sie Geld in edle „Basics".**

„Basics" sind die Grundpfeiler jeder Garderobe – etwa ein Hosenanzug, ein Kostüm, eine weiße Bluse, ein Sakko. Je edler die „Basics", desto besser wirken sie in Kombination mit anderen, nicht so teuren Stücken. Ein Beispiel: Ein Anzug von Jil Sander wertet selbst das billigste T-Shirt zum Nobelstück auf – weil eben alles, was mit edler Mode kombiniert wird, in der Kombination besser aussieht.

Garderobe-Prinzip Nr. 5: **Die Schuhe entscheiden den Look.**

Ihr Outfit steht und fällt mit den richtigen Schuhen – egal, ob es sich um das „kleine Schwarze" am Abend, das Busineßkostüm oder einen Hosenanzug handelt. Erst die Schuhe geben einem Look die wirklich perfekte Note. Ein Nadelstreifanzug etwa bekommt einen gänzlich anderen Touch, wenn Sie dazu flache, geschnürte Leinenschuhe kombinieren. Legen Sie sich pro Saison mindestens drei Paar neue Schuhe zu. Die alten werfen Sie weg. Es gibt keine schlimmere Visitenkarte als ab- und ausgetretene Schuhe.

Garderobe-Prinzip Nr. 6: **Sparen Sie bei den Accessoires.**

Als Grundregel für richtiges Styling gilt: Sie sollten niemals mehr als neun verschiedene sichtbare Dinge am Körper haben (Kleidung natürlich inklusive). Zwei Ringe an
jedem Finger zeugen ebensowenig von Stilbewußtsein wie
die modische Kette, die zur Jugendstilbrosche von Tante
Emma kombiniert wird. Wenn Sie auffallende Accessoires
lieben: Beschränken Sie sich auf höchstens zwei.

Garderobe-Prinzip Nr. 7: **Signalisieren Sie durch Ihre Kleidung
Kompetenz.**

Seriös – und im positiven Sinn autoritär – wirken starke
Farbkontraste. Also etwa eine cremefarbene Bluse zum
dunkelblauen oder schwarzen Anzug. Wollen Sie kompetent, aber etwas „weicher" wirken, wählen Sie z. B. einen
anthrazitgrauen Anzug und kombinieren dazu einen pudri-
gen Pastellton.

Garderobe-Prinzip Nr. 8: **Achten Sie auf die Stoffqualität.**

Auch wenn das Leinenkostüm in der Boutiqueauslage verlockend aussieht: Sobald Sie sich damit einmal hingesetzt
haben, sehen Sie aus, als hätten Sie die Nacht unter der
Brücke verbracht. Das gleiche gilt auch für reine Seide. Jer-
sey- und Viscosefasern garantieren problemlosen glatten
Tragekomfort. Werfen Sie also unbedingt einen Blick ins
Etikett.

Garderobe-Prinzip Nr. 9: **Das Designer-Etikett dient nur
der Eitelkeit.**

Wenn die großen Modeshows in Mailand und Paris vorbei
sind, schlägt die Stunde der Kopisten. Laufstegfotos werden per Overnight-Express nach Korea geschickt, wo hem-

mungslose Textilhaie die Entwürfe der großen Designer
nachproduzieren lassen. Fazit: Die Originale und die Kopien davon langen ungefähr gleichzeitig in den Boutiquen
ein. Es gibt gute und schlechte Kopien von Designerware.
Falls Sie es verschmerzen können, Armanis Schriftzug
nicht per Etikett im Nacken sitzen zu haben: Kein Mensch
außer Ihnen wird draufkommen.

Garderobe-Prinzip Nr. 10: **Bleiben Sie Ihrem Grundstil treu.**

Wenn Sie hauptsächlich klassisch geschnittene Hosenan-
züge tragen, finden Sie den transparenten Chiffonrock in
der Auslage möglicherweise besonders verlockend. Gehen
Sie ruhig in die Boutique hinein, befühlen Sie ihn, ziehen
Sie ihn an. Und jetzt überlegen Sie, wann Sie ihn tragen
werden. Na also.

Die Modecodes der Karrierefrauen

Jede Stadt hat ihre modische Visitenkarte.
In New York stehen die Beine im Mittelpunkt: Weibliche
Führungskräfte würden sich eher dem öffentlichen Hitze-
kollaps aussetzen, als bei vierzig Grad im Schatten ohne
Strümpfe ins Büro zu kommen. Die Beine von Manhattans
Karrierefrauen sind korrekt bestrumpft, auch wenn die
Hitzeschwaden aus den Kanalgittern dampfen.
In Tokio stehen Designeretiketten im Blickpunkt: Wer je-
mals zur „Rush-hour" Tokios U-Bahn bestieg, weiß um die
Vorliebe japanischer Busineßfrauen für auffällig präsentierte
Markennamen. Kaum eine, die nicht „Chanel", „Dior" oder
das berühmte Kürzel „YSL" (für Yves Saint Laurent) an einer
möglichst prominenten Stelle ihres Äußeren placiert.
In Paris sind es die Handtaschen: Wer als Karrierefrau auf
sich hält, verfügt über mindestens zwanzig Taschen, die

gnadenlos als Meßlatte für den beruflichen Erfolg herhalten. Modejournalistinnen auf der ganzen Welt wissen um den geheimen Handtaschencode der Pariserinnen: Wer in der Führungsetage ganz oben sitzt, trägt unauffälliges Leder von Hermès und Louis Vuitton, das gehobene Management bevorzugt Taschen von Chanel, und die mittlere Führungsebene läßt die Seele samt den Accessoires im Lederbeutel von Paloma Picasso baumeln.

In London dienen die „Royals" als Vorbild: Klassische Karrierefrauen schätzen Blusen mit Schleifen, die schließlich schon der Königinmutter über Jahrzehnte hinweg einen kleidsamen Look garantierten. Gipfel der anglophilen Innovation: über die Schulter geschlungene Tücher und kunstvoll gebundene Chiffonschals.

In Wien sind es die Ohrclipse (meist groß und auffällig und alle sonstigen Modediktate überdauernd), in Mailand und Rom die Pelzmäntel (Italienerinnen beherrschen die Kunst des nachlässigen Tragens von Pelzen perfekt – und sind die letzten koketten Verfechterinnen der sonst eher überholten Einstellung: Je höher der Rang, desto dicker bzw. teurer der Pelz).

Genauso wie die Busineßfrauen in den Trendhauptstädten dieser Welt an bestimmten Outfit-Merkmalen zu erkennen sind, deklarieren sich die Vertreterinnen verschiedener Job- und Gesellschaftshierarchien durch feine, kleine Modebotschaften. Wer die Codesprache der Mode kennt, weiß auf den ersten Blick, mit wem er es zu tun hat.

Modecodes hängen immer mit bestimmten Markennamen zusammen. Vereinfacht gesagt, drückt die Trägerin einer bestimmten Designermarke – eben durch diese Marke – ihre Gesinnung aus.

Das klingt dekadent, ist aber trotzdem legitim.

Wer es im Job zu etwas gebracht hat, unter anderem auch zu Geld, hat selbstverständlich das Bedürfnis, der Umwelt seinen Erfolg zu signalisieren.

Das geht durch Kleidung immer noch am schnellsten und

effektivsten. Ein bestimmter Modestil bzw. der bestimmte Stil eines Designers signalisiert dem Gegenüber unseren gesellschaftlichen Status.

Das Schema, nach dem uns andere beurteilen (und wir natürlich auch die anderen) ist über Jahrtausende hinweg identisch geblieben: Je prächtiger das Kleid, desto reicher und angesehener seine Trägerin. Der feine Unterschied von heute zu damals: Kleider werden zunehmend nicht mehr nach ihrer optischen Pracht, also nach Aufwendigkeit der Verarbeitung und Kostbarkeit der Stoffe, beurteilt, sondern schlicht nach ihrer „Message".

Jedes Designer-Outfit übermittelt eine bestimmte Botschaft, eine bestimmte Sichtweise der Dinge. Wer bereit ist, in sein Outfit den Gegenwert eines neuen Kleinwagens zu investieren und sich in Kreationen aus dem Modehaus Chanel hüllt, vertritt logischerweise eine andere Gesinnung als eine Frau, die zwar genausoviel Geld hat, den Chanel-Stil aber zu aufdringlich findet.

Eine Jacke, eine Tasche, ein Gürtel und selbst Ohrringe von Chanel übermitteln die Botschaft: „Seht her, ich bin reich." Ein Armani-, Cerruti- oder Valentino-Kostüm ist kaum billiger als eines von Chanel, übermittelt diese Botschaft aber erst auf den zweiten Blick.

Dezenter, sozusagen.

Anstelle von „Seht, wie reich ich bin" symbolisiert es eher: „Ich hab' zwar Geld, aber ich hab's nicht nötig, daß es jeder sofort merkt."

Busineßfrauen, noch dazu wenn sie sich im Umfeld der Mode- und Lifestyle-Szene bewegen, kennen diese feinen Codes sehr genau.

Nichts spricht dagegen, daß auch Sie sie kennen.

Die anschließende Übersicht gibt Ihnen einen Einblick in die „Geheimcodes" der Mode und die Psyche jener Trendsetterinnen, die ihr Herz wenn schon nicht auf der Zunge, so zumindest im Anzugetikett tragen.

Modeschöpfer, Stylisten und Menschen, die sich mit der Erforschung und Kultivierung bestimmter Trendphänomene beschäftigen („Trendforscher" zum Beispiel, die im Auftrag der Industrie arbeiten) teilen Frauen, die sich ihre Garderobe in der obersten Preiskategorie zusammenstellen – also sich in sogenannte „Designermode" hüllen – in fünf Grundtypen ein, in:

1. die Klassisch-Sportliche,
2. die Klassisch-Mondäne,
3. die Avantgardistin,
4. die Unterspielte und
5. die Mixerin.

In jeder dieser Kategorien herrschen eigene Gesetze bzw. Codes. Eine Frau vom Grundtyp „die Unterspielte" wird sich kaum mit einem auffallenden Kettengürtel von Chanel behängen. Umgekehrt würde der „klassisch-mondäne" Frauentyp kaum einen simplen, schwarzen Anzug eines japanischen Designers tragen, der zwar einen frivol hohen Preis hat, in seiner Schlichtheit aber fast schon übersehen wird. Die „Mixerin" würde diesen wiederum sehr wohl tragen, allerdings aufgepeppt mit auffälligem Zubehör (z. B. einer Tasche von Chanel).

Und so präsentieren sich die einzelnen Grundtypen im Detail:

Die Klassisch-Sportliche. *Ihr Beruf:* Oft in der PR-Branche tätig. Auch Fotografinnen, Journalistinnen und Jungunternehmerinnen zählen häufig zu dieser Kategorie. *Merkmal:* Trägt zwar edle Mode, wirkt darin aber niemals steif. Liebt die Kombination von Jeans und Designersakko, bevorzugt neben warmen Beige-Tönen satte Farben (wie Flaschengrün, Dunkelrot). *Diese Designermarken trägt sie:* Jil Sander, Donna Karan, Cerruti, Hermès, Ralph Lauren, Sonia Bogner, Gucci, Armani, Max Mara. *Lieblingsaccessoires:* Sonnenbrille von Ray Ban, flache Schuhe von Gucci und J. P. Tod's,

Blusen von Windsor und Otto Kern, Taschen von Louis Vuitton, Etienne Aigner, MCM und Goldpfeil. *Durchschnittswert ihres Outfits:* Ohne Accessoires rund 2000 DM.

Die Klassisch-Mondäne. *Ihr Beruf:* Oft hauptberufliche Ehefrau, auch im gehobenen Gastronomie- und Hotelgewerbe häufig vertreten. *Merkmal:* Will durch Mode auffallen, liebt kräftige Farben, trägt lieber Röcke als Hosen, mag Figurbetontes. Wenn Jeans, dann nur mit Goldapplikationen. *Diese Designermarken trägt sie:* Chanel, Christian Lacroix, Montana, Versace, Ungaro, Yves Saint Laurent, Escada, Ella Singh. *Lieblingsaccessoires:* Sonnenbrillen von Chanel und Paloma Picasso, Blusen und Tücher von Dior, Modeschmuck von Christian Lacroix, Taschen von Fendi, Trussardi und Versace, Schuhe von Charles Jourdan und Ferragamo. *Durchschnittswert ihres Outfits:* Ohne Accessoires rund 4000 DM.

Die Avantgardistin. *Ihr Beruf:* Oft im künstlerischen Bereich oder in der Modebranche tätig. *Merkmal:* Will durch ihre Mode ihr „Anders-Sein" zum Ausdruck bringen. Liebt Schwarz als Grundfarbe, die sie oft mit weißen Stücken (T-Shirt, Bluse) mischt. Bevorzugt Hosen, wenn Röcke, dann knöchel- oder ganz lang. *Diese Designermarken trägt sie:* Lagerfeld, Chloe, Byblos, Gaultier, Romeo Gigli, Katherine Hamnett und japanische Designermarken wie Yamamoto, Miyake und Comme des Garçons. *Lieblingsaccessoires:* Fliegeruhren von Breitling, Blusen und Tops von Dolce & Gabbana, Schuhe von Robert Clergerie, Stephane Kélian und Walter Steiger, Taschen von Fausto Santini und Nathalie Acatrini. *Durchschnittswert ihres Outfits:* Ohne Accessoires rund 3000 DM.

Die Unterspielte. *Ihr Beruf:* Journalistin, Schauspielerin, Unternehmerin, meist in kreativen Bereichen tätig. *Merkmal:* Will sich in ihrer Kleidung in erster Linie wohl fühlen,

schätzt Understatement und Qualität, mag keine „lauten"
Details wie große Goldknöpfe und lehnt auffällig Gemu-
stertes ab. *Diese Designermarken trägt sie:* Prada, Jil Sander,
alle japanischen Designer, Helmut Lang, Calvin Klein, Da-
niel Hechter. *Lieblingsaccessoires:* T-Shirts von Armani,
Schuhe von J. P. Tod's und Sergio Rossi, Taschen von Prada,
Donna Karan und Jil Sander. *Durchschnittswert ihres Outfits:*
Ohne Accessoires rund 2500 DM.

Die Mixerin. *Ihr Beruf:* Überall vertreten. *Merkmal:* Liebt
ausgefallene Einzelstücke, die sie zu eher klassischen Teilen kombiniert. Mag Schwarz, kombiniert mit knalligen
Farbtönen. Ist neuen Trends gegenüber schnell zugänglich.
Diese Designermarken trägt sie: Moschino, Gaultier, Joop,
Ozbek, Dolce & Gabbana. *Lieblingsaccessoires:* Sonnenbrillen von IDC und Swatch, Taschen von Moschino, Schuhe
von Junior Gaultier. *Durchschnittswert ihres Outfits:* Ohne
Accessoires rund 1500 DM.

Europäische Karrierefrauen der oberen und mittleren Ein-
kommenskategorie zählen am häufigsten zum Mode-
Grundtyp der „Mixerin" (in Amerikas Führungsetagen
wiederum sitzt hautsächlich Typ Nr. 2, die „Klassisch-
Mondäne"). Die Mixerin steigt, garderobemäßig gesehen,
von allen Grundtypen am besten aus: Sie mischt Günstiges
mit Teurem, Hochnobles mit Lässigem, Trendiges mit
Klassischem und erzielt dadurch den größtmöglichen optischen Effekt, ohne sich finanziell zu ruinieren.

Falls Sie jetzt denken, daß typische Karrierefrauen ausschließlich in teuren Designer-Shops nach der richtigen
Garderobe suchen, irren Sie sich gewaltig. Karrierefrauen
sind, bemüht man die Statistik, in puncto Kleidung zwar
nicht geizig, jedoch alles andere als verschwenderisch.
Eine diesbezügliche Studie führte etwa die Deutsche Tex-
tilingenieurin Brigitte Schröder durch, die für ihre Diplom-

arbeit hundert weibliche Führungskräfte nach ihrem Mo-
deverhalten befragte. Das Ergebnis:
Die große Mehrheit, nämlich 84 Prozent der Befragten,
glaubt, daß ihr Outfit sehr wichtig für die berufliche Position ist. Diese 84 Prozent legen großes Augenmerk auf die
richtige Zusammenstellung der Garderobe, leisten sich
in regelmäßigen Abständen ein neues schönes Teil und
bewerten Mode als insgesamt interessanten Themenbereich.
Die Mehrheit der Karrierefrauen kauft in Boutiquen und
Fachgeschäften ein, achtet dabei aber nicht ausgesprochen
auf Designermarken.
Nur knapp über 17 Prozent tragen ausschließlich Designer-
kleidung, immerhin fast 14 Prozent begnügen sich mit Ver-
sandhausmode.
Maßgeschneiderte Outfits leisten sich 15 Prozent.
Hat die typische Karrierefrau ein gutes Stück erworben,
trägt sie es im Durchschnitt zwei Jahre lang.
Wie informiert frau sich über Modetrends? Auch das hat die
Studie erhoben: 65 Prozent lesen regelmäßig Modezeitschriften und wissen über gängige Trends relativ genau Bescheid. Immerhin zwölf Prozent lassen sich regelmäßig in-
dividuell beraten – von der Besitzerin ihrer Stammboutique
bis hin zu eigens angeheuerten Image- oder Stilberatern, die
gegen Honorar auch den Garderobeneinkauf erledigen.
Liebste modische Kombinationen der weiblichen Führungskräfte: Die Zusammenstellung Rock-Bluse Sakko
führt vor Hose-Bluse-Sakko. Im Job ist den meisten Frauen
der Rock näher als die Hose. Im Privatleben ist es genau
umgekehrt – da greifen fast alle zur Hose.
Beim Kauf eines neuen Teils gehen Karrierefrauen nach folgendem, strategisch tadellosem System vor: Zuerst wird
die Qualität geprüft. Dann werden die Kombinationsmög-
lichkeiten überlegt. Erst ganz zum Schluß achtet man auf
das Firmenetikett.
Bleibt nur noch eine Frage offen: Wieviel gibt die durch-

schnittliche Führungsfrau für Mode aus? Die Angaben darüber könnten unterschiedlicher nicht sein: Die Sparsamste
gab an, rund 600 DM im Jahr für ihre Garderobe aufzuwen-
den, die Großzügigste nannte einen jährlichen Betrag von
42.000 DM. Das breite Mittelfeld, so erhob wiederum die
Fachzeitschrift „Textilwirtschaft", ist von beiderlei Extre-
men unabhängig: Laut einer Studie in deutschen Designer-
Boutiquen gibt die Konsumentin des gehobenen Mode-
genres im Jahr rund 10.000 DM für Kleidung aus.

Stilsünden

Vor rund sechs Jahren ersann ein gewisser Christian Lacroix, Modeschöpfer mit sonst durchaus brauchbaren Ide-
en, in Paris den Ballonrock. Das unförmige Gebilde wölbte
sich, wie der Name schon sagt, wie ein Ballon um die Hüften der bedauernswerten Trägerin, formierte kraft seiner
Form selbst gertenschlanke Beine zu stämmigen Gehwerk-
zeugen um und war alles in allem ein gräßlicher Anblick.
Als die ballonberockten Models damals über den Laufsteg
eilten, reagierte die Modebranche entsetzt: Journalistinnen
schrieben wütende Kommentare über den neuen „textilen
Hautausschlag" (so Suzy Menkes von der „International
Herald Tribune"), Mode-Einkäufer weigerten sich, die Bal-
lonröcke zu ordern.
Zwei Monate später schien die gute Absicht des Boykotts
vergessen. Auf Partys, auf Empfängen, auf allen glanzvol-
len Festen der High-Society sah man Damen, die – anson-
sten durchaus attraktiv – von der Hüfte abwärts das Prä-
dikat „mißglückt" aufgestempelt trugen. Der Ballonrock
war plötzlich allgegenwärtig, war zum Trendobjekt geworden.
Ich erinnere mich noch gut daran, daß die Damen, die ihn
trugen, nicht recht glücklich darin waren. Sie zupften ver-

stohlen an ihrem aufgeblasenen Textilmonster herum,
warfen häufig besorgte Blicke auf ihre Beine, was aber wiederum gar nicht einfach war (der Schnitt verdeckte den
Blick). Ballonrockträgerinnen wußten meist um ihre opti-
sche Unzulänglichkeit. Trotzdem hielten sie – zumindest
einen Abend lang – tapfer als Kleiderständer durch, weil
das, was sie trugen, eben hochmodisch war.
Eine Saison später war der Spuk vorbei und hinterließ die
Legende einer perfekten Stilsünde. Der Ballonrock war, in
jedem Detail, praktisch der Zenit aller Stilsünden. Ein
Stück Stoff, von dem jeder wußte, daß es häßlich ist, und
das der Mode zuliebe getragen wurde.
Ähnliche Beispiele textiler Unzulänglichkeiten gibt es viele (wenige allerdings in so „reiner" Form): Die Leggings
zählen dazu, deren Anblick bei potentiellen Betrachtern
nicht immer die reine Freude hinterließ. Nichts gegen
komfortable Beinkleider, aber wenn sie sich um Oberschenkel spannen, die einem Freistilringer alle Ehre machen, läßt sich über Geschmack nicht mehr streiten.

Modischer Geschmack ist ein sehr sensibler Bereich. Was
die einen als glatte Entgleisung betrachten, ist für die anderen eine feine, modische Sache.
Schwarz oder dunkelviolett lackierte Fingernägel bewegen
sich eindeutig in diesem Grenzbereich des Geschmacks.
Auch Fingernägel, die mittels Goldauflagen zu funkelnden
Krallen mutieren. Oder bunte, transparente Strumpfhosen.
Oder silberner Lidschatten. Oder Miniröcke, die so kurz
sind, daß das Cellulite-Problem ihrer Trägerin zum öffentlichen Problem wird. Oder Schuhe mit Plateauabsätzen,
die frappant an die orthopädischen der Nachkriegszeit erinnern. Oder ... wie gesagt, Geschmack ist relativ.
Trotzdem gibt es in Belangen des Stils ein paar Dinge, die
Sie, vorausgesetzt Sie setzen Klasse nicht mit Goldauflagen auf den Fingernägeln gleich, besser lassen sollten.

Nachstehend die fünfzehn gängigsten modischen Stilsünden unserer Zeit:

1. Grelle Farbkombinationen. Auch wenn einige Designer vom Teufel geritten sind und allzu Buntes propagieren: Grelle Kombinationen (Gelb mit Pink, Grün mit Orange) lassen Sie inkompetent, unseriös und in den meisten Fällen auch kränklich aussehen.

2. Gemusterte Strümpfe. Wer sie ersonnen hat, kann Frauen nicht wirklich mögen. Denn auch wenn wild gemusterte Beinhüllen noch so im Trend liegen: Je auffälliger das Muster, desto dicker wirken Waden, Knie und Oberschenkel.

3. Weite „Marlene-Dietrich"-Hosen. Vorausgesetzt, Sie sind unter 1,90 Meter groß: Vergessen Sie diesen Look. Auch wohlgewachsene Damen wirken in „Marlene"-Hosen wie gestauchte Zwerge.

4. Catsuits und Leggings im Büro. Auch wenn die hautengen Körperbekleidungen noch so komfortabel sind: Im Job machen sie ein schlechtes Image, selbst wenn Ihre Figur so makellos wie aus Silikon gespritzt sein sollte.

5. Kleider aus Stretch. Es ist ein Mythos, daß Sie darin verführerisch wirken. Stretchkleider sehen sogar an Kim Basinger nicht sexy, sondern billig aus. Abgesehen davon, rutscht der Stoff bei jeder Bewegung hoch.

6. Hosenröcke. Sogar ein Kartoffelsack wirkt erotischer. Nicht, daß Sie sich zur Sexbombe aufstylen sollten. Aber so tief im Keller brauchen Sie Ihren erotischen Appeal auch nicht zu vergraben. Der Zwitter aus Hose und Rock macht außerdem eine schreckliche Figur (da Ihr Hinterteil darin gewaltige Dimensionen erreicht).

7. Shorts und Pumps. Eine Kombination, die nicht einmal mehr in den Boutiquen Ibizas legitim ist. Wer Shorts zu Schuhen mit Absätzen trägt, sieht immer ein bißchen nach Vorstadtmieze aus (besser zu Shorts: flache Schuhe, Tennisschuhe, gar keine Schuhe).

8. Karierte Hosen. Großkarierte Beinkleider sind Gift für Ihre Proportionen. Sie schauen darin immer stärker aus, als Sie tatsächlich sind, die Beine wirken optisch kürzer.

9. Dunkle Strümpfe, helle Schuhe. Selbst in Zeiten, in denen fast alles erlaubt ist: Das ist ein ewigwährender Fauxpas. Schuhe sollten immer zumindest einen Ton dunkler als die Strümpfe sein, gleichfarbige Schuhe und Strümpfe machen optisch längere Beine.

10. Dekolleté ohne Aussicht. Ein kleiner Busen ist etwas Wunderschönes – wenn er so klein ist, daß man ihn nur erahnen kann, sollten Sie auf betonende Dekolletés verzichten. Ein schöner Rücken kann auch entzücken.

11. Mustermix. Blümchen zu Karos, Streifen zu Punkten, und alles in verschiedenen Farben und Stoffqualitäten. Mustermix ist der letzte Schrei – aber unglaublich häßlich. Vergessen Sie diesen Trend.

12. Raubtier-Look. Immer wieder (und auch derzeit wieder) aktuell. Doch wer sich mittels Textilhüllen zum Tiger, Leoparden oder Zebra stylt, wirkt nach „Ich will, und ich kann nicht". Außerdem: Ein Look, der immer billig aussieht – auch wenn er direkt vom Nobeldesigner stammt.

13. Schmuckexzesse. Auf den Hochglanzfotos in den Modemagazinen sieht es gut aus. Im wirklichen Leben wirkt es peinlich. Tragen Sie nicht mehr als ein, höchstens zwei auffällige Schmuckstücke (gilt besonders für Modeschmuck!), sonst assoziiert man Sie mit einem Plastik-christbaum aus dem Supermarkt.

14. Aufgestreckte Jackettärmel. Vor zehn Jahren waren die aufgekrempelten Jackettärmel modern, weil sie der Träge-rin ein „zupackendes" Image verliehen. Wohlgemerkt: vor zehn Jahren. Wer heute immer noch aufkrempelt, sugge-riert höchstens, daß er sich den Schneider für die Kürzung der Ärmel nicht leisten kann.

15. Designernamen quer über der Brust. Wirkt protzig, un-sympathisch, neureich. Wer es nötig hat, den Namen „Chanel" in Riesenlettern auf dem T-Shirt spazierenzufüh-ren, zeigt statt Stilgefühl nur Mut zur Peinlichkeit.

Das Aussehen der Klassefrauen

Die Traumfrau – das große Mißverständnis

Marilyn Monroe war „die Göttliche". Ein Kunstprodukt, geschaffen von vielen Händen, die sie der Welt als makellose Schönheit präsentieren wollten. „Macht, was ihr wollt – aber macht keinen Witz aus mir", bat sie drei Wochen vor ihrem Selbstmord. Mit 36 Jahren war sie am Ende, drei gescheiterte Ehen und zahlreiche Affairen lagen hinter ihr. Als sie ihr dritter Ehemann, Amerikas großer Bühnenautor Arthur Miller, verließ, gab die von Millionen Vergötterte endgültig auf.

Brigitte Bardot wirkt heute, mit knapp sechzig Jahren, wie eine Karikatur ihrer selbst. Ihre Haare trägt sie immer noch offen und bis über die Schultern reichend, als wolle sie der Welt kraft ihrer Mähne das Bild einer aufmüpfigen Greisin suggerieren. Die Hot pants, die Bardot beim Einkaufen in St. Tropez trägt, sind immer noch so knapp bemessen wie weiland in den siebziger Jahren. Und auf den Bildern der Paparazzi, jener Pressefotografen, die mit Riesenobjektiven vor den Villen der Stars lauern, um deren stärkste (meistens aber schwächste) Seiten der nichtsahnenden Welt zu oktroyieren, wirkt Brigitte Bardot wie ein ergrauter, müder Teenager, der trotzig gerade das tut, was man als Elternteil gemeinhin mit der Bemerkung „Mach dich doch nicht lächerlich" zu verhindern versucht. „Seht her, was ihr aus mir gemacht habt, was vom Image der Femme fatale noch übrig ist", suggerieren die aktuellen Bilder der einstmaligen Traumfrau. Die Schönheit hat BB zum Weltruhm verholfen, aber kein Glück gebracht. Drei Ehen scheiterten, über Jahrzehnte hinweg zog sie die Gesellschaft von 40 Katzen und 15 Hunden der eines Mannes vor. Seit kurzem ist sie wieder verheiratet, doch wie eine Sechzigjährige, die endlich ihren inneren Frieden gefunden hat, sieht sie auf den Fotos immer noch nicht aus.

Schöne Frauen und die Suche nach dem Glück – das ist in vielen Fällen wie eine unendliche Geschichte ohne Happy-End. Der französische Regisseur Bertrand Blier brachte die Misere der Beauties in seinem Film „Zu schön für dich" (ausgezeichnet mit fünf Césars) auf den Punkt: Der Autohändler Bernard (Gérard Depardieu), verheiratet mit der bildschönen Florence (Carole Bouquet), verliebt sich in die plumpe, pummelige Aushilfssekretärin Colette. Seine mollige Geliebte, Typ Heimchen am Herd, habe das „gewisse Etwas", rechtfertigt er seine Untreue. Seine Ehefrau sei einfach zu perfekt. Es kommt, wie es kommen muß: Die Schöne bleibt am Schluß einsam zurück.

Natürlich bedeutet große Attraktivität nicht automatisch auch Einsamkeit und Unzufriedenheit.

Natürlich sind nicht alle Traumfrauen unglücklich, begehen im schlimmsten Fall – wie Marilyn – Selbstmord oder setzen sich im besten Fall – wie die BB – als Relikt aus einer anderen Epoche dem zynischen Auge der Öffentlichkeit aus.

Und natürlich wird der „Untergang" von schönen Frauen weit häufiger, genauer und genußvoller registriert als der von grauen Mäusen.

Das wiederum hat einen tieferen Sinn: Schöne Frauen sind erstens die begehrtesten Objekte des menschlichen Neides und zweitens der restlichen, vielleicht nicht ganz so attraktiven Menschheit immer etwas suspekt. Natürlich haben sie's auf den ersten Blick leichter: Wer gut aussieht, hat bei Bewerbungsgesprächen sofort einen Stein im Brett (muß seine Qualifikationen später allerdings meist doppelt unter Beweis stellen) und verdient, wie Forscher der Universität von Michigan herausfanden, im Durchschnitt sogar um rund zehn Prozent mehr als weniger attraktive Kolleginnen.

Gutaussehende werden zuvorkommender bedient, bekommen – wie psychologische Verhaltenstests nachgewiesen haben – sogar im Restaurant den besseren Tisch und werden insgesamt als sympathisch beurteilt. Die Sympathie, die man den Schönen entgegenbringt, ist in Wirklichkeit aber sehr oberflächlich. Bestes Beispiel: Schöne Frauen finden nur sehr schwer echte Freunde, müssen häufig fürs Angeben herhalten („Seht alle her, welches Schmuckstück ich an meinem Tisch sitzen habe"), haben in den meisten Fällen große Schwierigkeiten, jemanden zu finden, der sie um ihrer selbst willen mag.

Geht es um Liebesglück und Partnerschaft, sind die Schönen sogar eindeutig die Benachteiligten. Zwar finden schöne Frauen nach wie vor leichter einen reichen Mann, die Zeiten, in denen sie das als vorrangigstes Lebensziel betrachteten, sind aber schon lange vorbei. Kurz gesagt: Schöne Frauen haben in der Liebe mehr Pech als Glück.

Das Münchner Meinungsforschungsinstitut „Gesellschaft für Rationale Psychologie" hat die Leiden schöner Frauen im Rahmen einer großangelegten Studie jüngst einer genauen Analyse unterzogen. Deprimierendes Fazit der Umfrageergebnisse: Eine schöne Frau kann froh sein, wenn sie überhaupt einen bekommt. So wurde ermittelt, daß 68 Prozent aller auffällig attraktiven Frauen große Schwierigkeiten haben, zu Männern längerfristige Beziehungen aufzubauen. 85 Prozent der befragten Männer gaben wiederum zu, große Hemmungen zu haben, schöne Frauen überhaupt anzusprechen. An die Seite einer auffälligen Schönen, so meinen die wenig selbstbewußten Herren, gehört zumindest jemand von der Ausstrahlung eines Robert Redford. Noch schlimmer: Fast 40 Prozent der befragten Männer sind der Meinung, daß schöne Frauen beim näheren Kennenlernen wesentlich langweiliger als ihre unscheinbaren Geschlechtsgenossinnen sind.

Ebenfalls 40 Prozent der Männer gaben an, daß Schönheiten keine echte erotische Ausstrahlung haben, sondern eher gekünstelt, hölzern, mit einem Wort „unecht" wirken. Zwar beflügelt auffällige Attraktivität die männliche Phantasie, doch die Begierde ist von kurzer Dauer. Psychologe Henner Ertel, der die Studie leitete, meint dazu: „Schöne Frauen sind für Männer eine Herausforderung, der man nachjagen muß. Etwa so, als wolle man einmal im Leben mit einem Ferrari fahren."

Geht es um dauerhafte Partnerschaften, wird der – Sie verzeihen den Vergleich – grundsolide Golf dem exotischen Rennwagen in der Praxis vorgezogen. Bei ersterem weiß Mann, was er hat, bei letzterem glaubt er, vor Überraschungen nie gefeit zu sein.

Zu allem Übel stehen sich die optisch Makellosen auch noch scheinbar selbst im Weg: Schöne Frauen sind es nicht gewöhnt, sich auf dem Jahrmarkt der Eitelkeiten anzubieten. Sie haben es nie nötig gehabt, die dafür notwendigen Mechanismen zu erlernen.

Die US-Psychologin Rita Freeman stellte in einer Studie fest, daß attraktive Frauen dreimal so häufig an ihren Nägeln kauen (was immer ein Zeichen von innerer Anspannung und Unsicherheit ist) wie weniger attraktive. Sie haben zudem auffallend häufig nur ein mangelndes Selbstbewußtsein, was ihnen von der Umwelt fälschlicherweise als Überheblichkeit und Arroganz ausgelegt wird.

Wenig schmeichelhaft liest sich auch das erotische Zeugnis, das man den Schönen gerne ausstellt. So gelten unscheinbare Frauen landläufig auch als bessere Geliebte, weil sie sich nicht auf ihrem ansprechenden Äußeren ausruhen. Psychologe Henner Ertel dazu: „Schöne Frauen beherrschen nur in den wenigsten Fällen die Kunst der Verführung."

Zumindest wenn es um Ehrgeiz geht, können die Schönen aber punkten: 61 Prozent der Männer aus Henner Ertels Studie halten attraktive Frauen für ehrgeiziger als andere. Besonders schmeichelhaft kann aber auch das nicht gemeint sein, denn dieser Ehrgeiz hat wiederum seine Tükken. Psychologin Rita Freeman hat den Ehrgeiz der Attraktiven entschlüsselt und wertet ihn als Überkompensierung eines mangelnden Selbstwertgefühles. Freemans These: Da die Schöne nicht nur um ihrer äußeren Hülle willen geliebt werden möchte, setzt sie sich ständig unnötigem Leistungsdruck aus. Fazit der Psychologin: „Viele attraktive Frauen haben Angst, nur als Fassade beurteilt zu werden, und versuchen ständig, ihren Wert unter Beweis zu stellen, indem sie sich ein schwieriges Ziel nach dem anderen setzen."

Zieht man zu all dem Ungemach noch die Tatsache in Betracht, daß sich schöne Frauen häufig in weniger attraktive, aber dafür intellektuelle Partner verlieben (Ertel: „Sie schätzen die Eigenschaften, die sie glauben, nicht zu haben"), scheint es sich bei den optisch Begnadeten um reichlich obskure Geschöpfe zu handeln. Modelegende Coco Chanel hat sich dereinst ihren eigenen Reim darauf gemacht: „Die Schönheit brauchen wir Frauen, damit uns die Männer lieben. Die Dummheit, damit wir die Männer lieben."

Damit Sie künftig wissen, welches Attraktivitätspotential für Männer gerade noch verkraftbar ist (Sie wollen die Ärmsten doch bestimmt nicht durch zu hoch dosierte Makellosigkeit verschrecken), sollten Sie einen Blick auf die folgende Tabelle werfen. Sie wurde nach Umfrageergebnissen erstellt, die die Vorstellungen der Frauen und Männer hinsichtlich weiblicher Attraktivität ermittelten und gegenüberstellten. Soviel nur vorweg: Die Herren sind weit weniger anspruchsvoll, als Sie vielleicht gedacht hätten.

Die Traumfrau der Männer aus weiblicher Sicht	Die Traumfrau der Männer aus männlicher Sicht
Gewicht: 53 Kilogramm	Gewicht: 57 Kilogramm
Größe: 1,70 Meter	Größe: 1,63 Meter
großer Busen	mittelgroßer Busen
schlanke, muskulöse Figur	schlanke, gerundete Figur
kleiner, fester Po	runder, fester Po
faltenlose Haut	natürliche Haut, ohne Make-up
blaue Augen	Augenfarbe völlig egal
blonde, lange Haare	Haarfarbe egal, Länge mittellang bis lang
rote, sinnliche Lippen	Nur kein roter Lippenstift!
lange, lackierte Nägel	gepflegte, kurze Nägel
Minirock und Stöckelschuhe	Jeans – und ja keine Plateauschuhe!
schwarze Unterwäsche	weiße Spitzenunterwäsche
gepflegte Lockenpracht	Frisur ohne Haarspray
schmale Hüften	Hüften

Wie Sie sich „schöner denken" können

Sie wollen abnehmen. Sie wollen endlich mit dem Nägelkauen aufhören. Sie sind es leid, oft rot zu werden, wenn man Sie anspricht. Sie wollen Ihr Selbstbewußtsein aufpolieren. Sie wollen mit dem Rauchen aufhören. Sie wollen ihre unreine Haut endlich loswerden.

Ratschläge, wie das alles zu schaffen ist, ohne Mühe, ohne Kosten und – selbstverständlich – mit einem Minimum an Zeitaufwand, gibt es wie Sand am Meer. Müßig, hier einen weiteren hinzuzufügen, der vor allem behält, was er verspricht.

Damit Sie jene Laster, die Ihr Aussehen am Optimalzustand hindern, erfolgreich zum Teufel jagen können, bedarf es keiner Ratschläge mehr (die Sie vermutlich ohnehin großteils schon kennen), sondern eines kleinen Versuches. Der Versuch heißt „Autosuggestion", und Sie können ihn jederzeit und allerorts starten. Egal, ob Sie im Flugzeug sitzen oder im Büro eine kleine Pause einlegen. Keiner merkt's – und es dauert nicht einmal fünf Minuten.

Autosuggestion ist eine Art intensive Selbstbeeinflussung. Sie können durch diese Methode Ihr Unterbewußtsein solcherart positiv beeinflussen, daß Befehle, die Sie dem Unterbewußtsein suggerieren, von Ihnen letztendlich tatsächlich ausgeführt werden (also beispielsweise der Befehl „ich nehme jetzt endgültig ab"; oder der Befehl „ich höre mit dem Nägelkauen auf").

In Amerika ist derzeit eine Art „Autosuggestionsfieber" ausgebrochen, und die meisten, die es bisher probiert haben, schwören auf den Erfolg.

Prominente Schönheitsfanatikerinnen, wie Liz Taylor, Raquel Welch oder Jane Fonda, beharren fast schon eigensinnig auf der Wirkung dieser Methode; in Kursen und Lehrgängen wird sie unterrichtet, und die großen Modelagenturen zwischen New York und Los Angeles empfehlen Autosuggestion ihren zu füllig gewordenen Schützlingen neuerdings zum Abnehmen.

Ohne eine große Wissenschaft daraus machen zu wollen, will ich Ihnen die Kernthesen der Autosuggestion hier erklären. Probieren Sie's aus, denn schädlich ist das Ganze auf keinen Fall.

Die Methode funktioniert nach dem Prinzip der Selbsthypnose. Keine Angst – das hat nichts mit Kristallkugeln, Pendeln oder dem stechenden Blick zu tun. Selbsthypnose, also Autosuggestion, ist eine einfache, völlig ungefährliche

Form der Hypnose. Hypnose wiederum geht von der These aus, daß kein Hypnotiseur etwas dauerhaft befehlen kann, was man nicht selbst wirklich will. Vereinfacht gesagt, kann man unter Hypnose dazu gezwungen werden, ein Gedicht aufzusagen oder unter die Dusche zu gehen, aber nicht dazu, dem Nächstbesten ein Messer in den Rücken zu stechen. Das gleiche gilt für die Selbsthypnose: Sie können sich nur jene Dinge erfolgreich suggerieren, die Sie auch tatsächlich möchten. Wenn Sie nur Ihrem Mann zuliebe mit dem Rauchen aufhören wollen (oder schlankere Hüften ins Auge fassen), ist die Autosuggestion sinnlos. Sie müssen das, was Sie anstreben, für sich selbst wollen.

Bei der Selbsthypnose können Sie auf die Hilfe eines professionellen Hypnotiseurs verzichten. Sie brauchen nur etwas Übung und täglich zirka fünf Minuten Zeit, am besten in angenehmer, entspannter Atmosphäre.

Bevor ich Ihnen die einzelnen Schritte erkläre, noch eine kleine positive Motivation der Wissenschaft: Eine Autosuggestionsstudie der „American Society of Clinical Hypnosis" hat ergeben, daß diese Art der Selbsthypnose bei 85 Prozent der Testpersonen erstaunliche, bei weiterer zehn Prozent sogar überwältigend gute und nur bei fünf Prozent überhaupt keine Erfolge hatte.

Wahrscheinlich ist, daß Sie zu den 85 Prozent zählen, denen „Autosuggestion" zum gewünschten Zustand verhelfen kann.

Denken Sie sich also schön. So geht es:

Schritt 1: Setzen Sie sich entspannt irgendwohin, wo es bequem ist. Schließen Sie die Augen, und bleiben Sie einige Momente so sitzen, bis Sie ganz ruhig werden.

Schritt 2: Drehen Sie die Augen jetzt unter den geschlossenen Augenlidern nach oben – so, als versuchten Sie, in Ihr Gehirn hineinzuschauen.

Schritt 3: Strecken Sie die Arme aus, und legen Sie sie entspannt auf Ihre Oberschenkel. Warten Sie wieder einige Momente, bis Sie sich an diese Körperhaltung gewöhnt haben.

Schritt 4: Zählen Sie jetzt langsam rückwärts von zehn bis null.

Schritt 5: Wenn Sie wirklich entspannt sind und Ihr Geist komplett auf die Situation konzentriert ist, spüren Sie jetzt, wie einer Ihrer Arme leichter wird.

Schritt 6: Jetzt ist der richtige Moment gekommen, den Kernsatz Ihres Zieles vor sich herzusprechen und mehrmals zu wiederholen (falls Sie von Menschen mittel- oder unmittelbar umgeben sind, genügt es selbstverständlich, das Ziel nur gedanklich zu formulieren). Sagen Sie (oder denken Sie) zum Beispiel: „Ich rauche nicht mehr, ich rauche nicht mehr, ich rauche nicht mehr." Oder: „Ich will abnehmen, ich will abnehmen, ich will abnehmen."

Schritt 7: Bleiben Sie, bevor Sie zur Tagesordnung übergehen, noch kurz entspannt sitzen.

Schritt 8: Wiederholen Sie diese Übung jeden Tag, so lange, bis Sie einen Erfolg merken. Üblicherweise ist das nach spätestens einer Woche der Fall.

Falls Sie jetzt erst recht skeptisch geworden sind (und ich kann es Ihnen nicht verdenken – ich war es anfangs auch), lassen Sie mich Ihnen noch ein geradezu glänzendes Beispiel für den Erfolg dieser Methode bringen.
Die US-Psychologin Marianne Barabasz machte an der Universität von Pullman, Washington, ein interessantes Experiment mit Autosuggestion-Testpersonen: Während eines Diätversuchs ließ sie übergewichtige Personen täg-

lich auf die Waage steigen. Die Pfunde wurden auf einem Millimeterpapier eingetragen, auf dem eine „Idealkurve" vorgegeben war. Sie neigte sich langsam nach unten bis hin zu einem 10-Kilo-Minus innerhalb von neunzig Tagen.

Den Frauen wurde ausdrücklich verboten, eine Radikaldiät zu machen. Dann wurde die Gruppe geteilt. Die einen wurden lediglich ermahnt, nicht fett zu essen und auf ihr Gewicht zu achten. Die anderen sollten sich in Selbsthypnose üben und sich täglich die drei Sätze suggerieren:

„Wenn ich zuviel esse, vergifte ich meinen Körper."

„Ich brauche meinen Körper, um zu leben."

„Ich bin es meinem Körper schuldig, ihn zu achten und zu schützen."

Eine dritte Gruppe der Diätwilligen nahm zusätzlich in diese Leitsätze noch ein bestimmtes Lieblingsessen oder eine besonders favorisierte Nascherei auf. Beim ersten Satz hieß es dann zum Beispiel: „Wenn ich Pommes frites mit Mayonnaise esse, vergifte ich meinen Körper."

Das Ergebnis des Versuchs: Nach neunzig Tagen hatte die erste Gruppe – die ohne Selbsthypnose auskam – durchschnittlich 2,8 Pfund abgenommen. Die zweite Gruppe – mit den allgemeinen Leitsätzen – 7,5 Pfund. Die dritte Gruppe, die sich ständig per Autosuggestion die eigenen Lieblingsgerichte ausgeredet hatte, hatte immerhin 14 Pfund abgenommen. Fazit der Psychologin, die den Test durchführte: „Selbsthypnose gegen Übergewicht ist umso hilfreicher, je genauer sie auf bestimmte Eßgewohnheiten zugeschnitten ist."

Und diese These ist wiederum auf alle Probleme, die Sie sich solcherart erfolgreich „auszureden" versuchen, anwendbar. Anstatt bei der Übung zu sagen: „Ich werde nicht mehr Nägelkauen", könnten Sie eine konkrete Situation beifügen. Also etwa: „Ich kaue nicht mehr Nägel, wenn ich vor dem Computer sitze und schreibe."

Sinn der Sache ist: Je genauer wir uns ein bestimmtes Problem vorstellen und anschließend durch die beschriebene

Methode ausreden, desto effektiver wird es durch unser Unterbewußtsein bekämpft. Das wichtigste für den Erfolg des „Schöndenkens" ist aber, daß Sie Ihr Ziel für sich selbst und nicht für jemand anderen erreichen wollen.

Die optischen Erfolgstricks

Es gibt eine Menge Frauen, die immer wieder glaubhaft zu versichern versuchen: Schön sein will ich nur für mich. Nicht für meinen Partner, nicht für die Bürokollegen, schon gar nicht für den Chef. Das ist hübsch gesagt, aber faustdick gelogen.

Frauen wollen in 99 Prozent aller Fälle schön sein, um anderen zu gefallen. Nicht unbedingt ihrem Chef oder den Männern an sich, aber – wer hätte das gedacht? – zumindest anderen Frauen. Genaugenommen wollen sie ihnen nicht gefallen, sie wollen sie übertrumpfen.

Das ist an sich keine ehrenwerte Sache, weil es den feministischen Grundgedanken mit kalter Ignoranz straft. Trotzdem ist das weibliche Konkurrenzdenken ein sympathischer Wesenszug. Denn obwohl es Barrikaden innerhalb der eigenen Reihen aufbaut, haben die Benutzerinnen von Lippenstiften, Puderquasten, Gels und den mit Vitaminen angereicherten Inhalten diverser Cremetiegel eine große, umfassende Gemeinsamkeit: Sie lieben es, sich schön zu machen. Und sie wissen um das sinnliche Vergnügen, sich mit dem eben neuerstandenen Stift genüßlich die Lippen nachzuziehen.

Die weibliche Internationale zieht also, was ihre äußeren Reize betrifft, an einem gemeinsamen Strang. Es ist beruhigend zu wissen, daß Sie, Sie und Sie morgens vor dem Spiegel stehen und annähernd das gleiche denken wie ich.

So etwas verbindet.

Trotz dieser Seelenverwandtschaft wollen Sie aber selbstverständlich um ein kleines Quentchen besser aussehen als alle anderen.

Die folgenden Tricks zur Perfektionierung Ihrer Optik stammen allesamt von Profi-Visagisten. Es sind Tricks, die jeder nachvollziehen kann, die schnell erlernbar sind und die Ihnen, was immer Ihre Konkurrentinnen dagegen vorbringen, zumindest eines garantieren: Sie sehen dadurch einfach besser aus als die anderen.

Frauenzeitschriften werden nicht müde, uns mit endlosen Listen von unentbehrlichen Make-up-Produkten zu verwöhnen. So wichtig diese kleinen optischen Helfer zumindest teilweise sein mögen, so sinnlos sind sie, wenn die Haut, auf der sie in irgendeiner Form ja haften sollen, nicht optimal aussieht.

Das Grundkapital jedes erfolgreichen Models ist eine möglichst makellose Haut. Teintgrundierung (Make-up) kann nur sehr bedingt über Schwachstellen der Haut hinwegmogeln, abgesehen davon sehen dick aufgetragene Make-up-Schichten außerhalb eines Fotostudios entsetzlich aus. Um also an der Basis zu beginnen, will ich Ihnen kurz die drei größten Feinde Ihrer Haut in Erinnerung rufen.

Die größten Feinde der Haut

Der erste Feind ist die Sonne. Ihre schädlichen UVA-Strahlen sind tatsächlich die schlimmsten Feinde glatter Gesichtszüge. Es ist dermatologisch unbestritten, daß intensives Sonnenlicht die Hautalterung beschleunigt.

Anstatt sich regelmäßig der Sonne auszusetzen und Jahre später dafür die Rechnung in Form einer Lederhaut der Marke Bergfex präsentiert zu bekommen, sollten Sie guten Gewissens zum Selbstbräuner aus der Tube greifen. Die sportlich gebräunten Models in den Lifestyle-Gazetten tun das auch (weder Cindy Crawford noch Claudia Schiffer, noch sonst irgendeines der internationalen Topmodels würde auf die Idee kommen, der vom Fotografen allenfalls gewünschten Farbe wegen stundenlang in der Sonne zu braten).

Der zweite Feind ist der Alkohol. Gegen ein Gläschen ab und zu hat zwar auch Ihre Haut nichts einzuwenden, trotzdem gibt es weltweit kein Topmodel mehr, daß sich (zumindest öffentlich) Hochprozentiges zu Gemüte führt. Alkohol, auch in geringer Dosierung, erweitert die Äderchen im Gesicht und bewirkt – vor allem wenn Sie ihm regelmäßig zusprechen – einen Lymphstau im Gewebe. Die für die Haut fatale Folge: Das Gesicht wirkt mit der Zeit immer schwammiger.

Der dritte Feind ist Nikotin. Nikotin verengt die Blutgefäße und behindert den Sauerstoffaustausch der Haut. Und zwar in jedem Fall, egal, ob Sie drei oder dreißig Zigaretten pro Tag rauchen. Bei starken Raucherinnen bilden sich mit der Zeit steile Fältchen um die Mundgegend, das Hautbild erscheint fahl und grau. Wenn nicht jetzt, dann spätestens in zehn Jahren.

Was Sie Ihrer Haut zuliebe tunlichst meiden sollten, ist nun gesagt.
Wie Sie ihr Gutes tun können, zeigen die nachfolgenden Punkte.

Acht Profitricks für eine schönere Haut

1. Tagescremes mit Lichtschutzfaktor verwenden. Kosmetikerinnen empfehlen das seit Jahren, dermatologische Tests haben bewiesen, daß die Hautalterung dadurch langfristig verzögert wird.

2. Mineralwasservorrat anlegen. Ein alter, aber höchst bewährter Visagistentrick: Eine kleine Spraypumpe (Parfumpumpe) mit Mineralwasser füllen und mehrmals täglich einen hauchfeinen Film auf das Gesicht sprühen (macht dem Make-up nichts aus). Ihre Haut sieht sofort frischer aus. Mineralwasser tut auch sonst gut: Wer einen bis drei Liter davon pro Tag trinkt, polstert die Haut von innen auf (und läßt sie dadurch praller aussehen).

3. Ampullenkuren einmassieren. Teuer, aber wirksam. Ampullenkuren enthalten Pflegestoffe in konzentrierter Form, stimulieren den Stoffwechsel und schleusen regenerierende Wirkstoffe in die Haut. Am besten als Kur über einen Zeitraum von acht bis zehn Tagen anwenden (ein- bis zweimal pro Jahr reicht).

4. Straffungsmasken auftragen. Sie lassen die Spuren von Müdigkeit, Streß und Abgespanntheit schnell verschwinden – zumindest für die nächsten Stunden. Aber auf die kommt es ja bekanntlich manchmal an.

5. Vitamine einschleusen. Von außen zugeführte Vitamine helfen der Haut, länger straff zu bleiben. Die wichtigsten „Hautvitamine" sind A, C und E (achten Sie auf dem Beipackzettel des Produktes darauf). Sie helfen mit, die sogenannten „freien Radikale", das sind Moleküle, die die Hautzellen schädigen, zu bekämpfen.

6. Peelings anwenden. Peelingcremes enthalten feine Rubbelpartikel, die die Hautoberfläche durch das Lösen von Hornteilen verfeinern. Außerdem regen sie die Hautdurchblutung an. Die Haut wirkt nach einem Peeling klarer und zarter. Ideal: Ein- bis zweimal pro Woche ein Peeling.

7. Dampfbäder anwenden. Ideal bei unreiner Haut, aber auch bei normaler oder trockener Haut wohltuend. Dampfbäder öffnen die Poren und weichen die Hornschicht etwas auf, die Haut kann nachfolgende Pflegeprodukte optimal aufnehmen.

8. Gesichtsgymnastik lernen. Jede gute Kosmetikerin kann Ihnen die wichtigsten „Gymnastikübungen" für das Gesicht zeigen. Durch regelmäßiges Muskeltraining (im Gesicht sind Haut und Muskeln ganz eng verbunden) kann die Faltenbildung zwar nicht verhindert, aber immerhin gebremst werden.

Von der pflegenden jetzt zur dekorativen Kosmetik, die die Vorzüge Ihres Gesichtes, seine Individualität, erst richtig hervorhebt. Vorausgesetzt natürlich, Sie wenden sie nicht irgendwie an, sondern so, wie es die Profis tun.
Die folgenden Make-up-Tricks sind den internationalen Top-Visagisten abgeschaut. Es sind sozusagen die „Klassiker" der Profitricks, unterteilt in drei große Bereiche:
1. die richtige Grundierung,
2. die optimale Betonung der Augen,
3. die perfekte Betonung der Lippen.

Tricks für die richtige Grundierung

Mit der Grundierung steht und fällt ein Make-up. Profi-Visagisten wissen, daß auch das perfekteste Lippen- und Augen-Make-up auf geröteter, fleckiger oder glänzender Haut nur dilettantisch wirkt.

Und das sind die Regeln für perfektes Grundieren:

Finden Sie die richtige Farbe. Die optimale Grundierung hat den gleichen Farbton wie Ihre Haut, ist also weder heller noch dunkler. Falls Sie unsicher sind, wählen Sie die Farbe lieber eine Nuance zu hell als zu dunkel (ein dunkler Hautton macht älter). Probieren Sie die Make-up-Farbe beim Kauf nicht (wie oft empfohlen wird) am Handrücken aus, sondern direkt im ungeschminkten Gesicht. Testen Sie den Farbton unbedingt bei Tageslicht, d. h., Sie sollten mit einem Spiegel vor das Geschäft gehen. Der Ton, der am wenigsten von Ihrer Hautfarbe absticht, ist für Sie richtig.

Das Auftragen. Zuerst kommt Feuchtigkeitscreme auf die Haut, sonst gibt es Flecken. Dann wird die Grundierung mittels Klecksen in möglichst kleinen Portionen auf die Haut getupft und mit den Fingerspitzen sanft verrieben. Falls Sie es deckender mögen, lieber mehrere dünne Schichten auftragen als eine dicke. Wenn die Grundierung gut verteilt ist, können Sie sie mittels eines Schwämmchens zusätzlich sanft eindrücken. So verbindet sie sich perfekt mit der Haut. Den Hals sollten Sie beim Grundieren aussparen, nur die Make-up-Übergänge vom Gesicht zum Hals sollten perfekt verwischt sein. Den Hals nur leicht überpudern, was auch den Vorteil hat, daß Kleidungsränder nicht mit Trauerrand versehen werden.

So verschwinden Augenringe. Benutzen Sie eine spezielle Abdeckcreme (enthält besonders deckende Pigmente), die einen Farbton heller als Ihre Grundierung ist. Profis gehen beim Abdecken der Augenringe folgendermaßen vor: Abdeckcreme in kleinen Punkten bis unter die Wimpern verteilen, dann mit einem Schwämmchen sanft eindrücken. Anschließend die Teintgrundierung darübergeben. Wenn Sie nicht mehr unter dreißig sind, sollten Sie beim Abpudern die Stellen unter den Augen aussparen. Das Puder betont unbarmherzig die dort angesiedelten Fältchen.

Puder als „Weichmacher". Puder nimmt der grundierten Haut den Fettglanz und verleiht ihr einen matten Seidenschimmer. Zusätzlich fixiert Puder die Grundierung, macht sie also haltbarer. Profi-Visagisten verwenden ausschließlich losen Puder, da er sich am großzügigsten verteilen läßt. Bringen Sie die bestäubte Puderquaste nie direkt auf die Haut, sondern klopfen Sie sie zuerst am Handrücken ab. Die Menge, die übrigbleibt, ist gerade richtig. Für unterwegs reicht Kompaktpuder, der glänzende Stellen rasch kaschiert. Bevor Sie ihn auftragen, sollte der Hautglanz aber mit einem Papiertuch abgenommen werden (sonst wird die Haut fleckig).

Und noch ein paar Profitricks zur Grundierung

1. Schminken Sie sich möglichst in einem *Raum mit weißen, gut ausgeleuchteten Wänden* (farbige Wände verfälschen die Farben). Das *optimale Licht* zum Schminken geben rechts und links vom Spiegel montierte Glühbirnen (also sogenannte „Theaterspiegel").

2. Für ganz besondere Haltbarkeit der Grundierung gibt es einen Spezialtrick: Befeuchten Sie das fertige Make-up kurz mit einem hauchfeinen *Wassernebel aus der Sprühflasche*, anschließend mit einem Kosmetiktuch abtupfen und überpudern. Solcherart präpariert, hält es mindestens acht Stunden.

3. Benutzen Sie *Puder* – wie die Visagisten – auch *zum sogenannten „Überblenden"*. Bei dieser Technik wird loser Puder auf Wangenrouge und Lidschatten gestäubt, die Farben werden dadurch sanfter, die Übergangsränder verschwinden gänzlich.

4. Auch *ohne Grundierung* verleiht *loser Puder* der Haut einen Hauch Vollkommenheit. Sie sehen nicht geschminkt aus, wirken aber gepflegt. Probieren Sie's.

5. *Vermeiden Sie Puder mit Glanzpartikeln.* Im aufgetragenen Zustand sieht das nicht glamourös, sondern immer ein bißchen billig aus.

Tricks, um die Augen optimal zu betonen

Die Faustregel, daß der Lidschatten im Optimalfall zur Augenfarbe paßt, ist schon seit den siebziger Jahren überholt. Besser: Komplementärfarben, die die Farbe der Iris zum Leuchten bringen. Hier die Profitricks, um anderen schöne Augen zu machen:

Das Lidschatten-1-x-1. Lidschatten soll, wie der Name schon sagt, die natürliche Schattenwirkung der Augen betonen. Wenn Sie Lidschatten mögen, seien Sie sich dessen bewußt, daß Ihre Augen damit das Gesicht dominieren. Halten Sie sich also bei anderen auffälligen Betonungen, z. B. der Lippen, eher zurück. Sonst sehen Sie einfach nur angemalt aus. Am schönsten sieht Lidschatten aus, wenn man ihn hauchfein aufträgt. So machen es die Profis: Lid zuerst mit normaler Teintgrundierung abdecken, anschließend abpudern und jetzt erst den Lidschatten (in Puderform) auftragen. Wählen Sie zu blauen Augen z. B. gelbliches Ocker, zu braunen Augen einen Blau- oder Pinkton, zu grünen Augen einen Violetton. Wenn Sie schattieren wollen, gilt die Faustregel: Innen hell, außen dunkel – mit fließendem Übergang. Dadurch wird der äußere Augenwinkel besonders betont, die Augen wirken ausdrucksvoller.

Das Lidstrich-1-x-1. Der klassische und auch eleganteste Lidstrich ist schwarz und wird ohne Lidschatten getragen (schon Marilyn wußte um seine Wirkung). So gelingt er perfekt: Haut vorher abpudern, das Lid muß fettfrei sein. Flüssigen Eyeliner verwenden oder einen sogenannten Lidzeichner, der wie ein Filzstift funktioniert (einfacher als Eyeliner, weil sich die Farbe automatisch dosiert). Stift oder Pinsel am inneren Augenwinkel ansetzen und, ohne abzusetzen, den Strich durchziehen. Wer eine sehr unruhige Hand hat, sollte zuerst Pünktchen setzen und diese dann strichweise verbinden. Noch einfacher läßt sich der Lidstrich mit einem Kajalstift ziehen, außerdem sieht er dann weicher aus. Am Unterlid immer einen Kajalstift verwenden (Eyeliner wirkt zu hart), und den Strich niemals ganz bis zum inneren Augenwinkel ziehen (sieht unnatürlich angemalt aus).

Das Mascara-1-x-1. Auch wenn Sie den ungeschminkten Look bevorzugen: Ein bißchen Mascara (Wimperntusche) auf den Wimpern läßt die Augen zum Blickfang werden. Achten Sie auf die optimale Form des Bürstchens: Eine perfekte Wimperntusche hat kurze, dichte Borsten, die vorne spitz zulaufen. Beim Auftragen nicht zuviel Farbe auf das Bürstchen geben, sonst verkleben die Wimpern. Wimperntusche muß immer frisch sein, sobald sie am Bürstchen krümelt, fällt sie auch von den Wimpern ab. Tuschen Sie immer zuerst die äußeren Wimpern, mit dem Farbrest am Bürstchen dann die inneren. Die Farbe kurz antrocknen lassen, dann ein zweites Mal tuschen. Visagisten pudern die Wimpern vor dem Tuschen zusätzlich hauchfein ab. Das sieht allerdings nur auf Fotos gut aus, in der Praxis wirkt es klumpig und unnatürlich.

Und noch ein paar Profitricks für die Augen

1. Ein Tupfen *weißer oder cremefarbener Lidschatten*, knapp unter die Brauen gesetzt, vergrößert optisch die Augen (besonders wenn der Lidschatten Glanzeffekt hat).

2. Spezialeffekt für abends: Mit *grauem Lidschattenpuder* einen schmalen Bogen knapp oberhalb der Augenhöhle malen und leicht nach oben verwischen. Sieht geheimnisvoll, aber nicht geschminkt aus.

3. Trick, damit der Lidstrich am äußeren Augenwinkel zum perfekten „Schwänzchen" ausläuft: Die *Haut am äußeren Oberlid* mit zwei Fingern leicht *nach oben spannen.*

4. *Weißer Kajalstift,* am Innenrand des unteren Augenlids aufgetragen, läßt den Blick wunderschön klar und die Augen ausdrucksvoller wirken.

5. *Bürsten Sie Ihre Brauen in Form.* Es gibt spezielle Brauenbürstchen mit farblosem Gel, das die gewünschte Form fixiert.

Tricks für perfekt geschminkte Lippen

88 Prozent aller Frauen benutzen ihn regelmäßig, 60 Prozent täglich: den kleinen Stift mit dem Dreh. Jetzt wurde sogar wissenschaftlich entschlüsselt, was die Form des gebrauchten Lippenstiftes über die Besitzerin aussagt. Zu Ihrer Information:
Schräge Form: Sie sind impulsiv, sprunghaft, sehr gefühlvoll.
Gerade Form: Sie sind ehrgeizig und energiegeladen, stark und selbstsicher.
Spitze Form: Sie sind zuverlässig, neigen aber zur Unbeherrschtheit.
Runde Form: Sie sind eher bescheiden, sehr hilfreich, stellen eigene Interessen oft zurück. Heißt es jedenfalls.
Hier die Tricks, damit Ihr Mund zum Küssen schön wirkt.

Die richtige Farbe. Damit Sie gleich wissen, woran Sie sind: Männer mögen keine roten Lippenstifte. Rot signalisiert Stärke und Dominanz, und die Herren sind ein wenig schreckhaft. Auch bei Bewerbungsgesprächen sollten Sie auf auffällig roten Lippenstift verzichten. Tests haben ergeben, daß sich Personalchefs (auch weibliche) durch rote, dominant betonte Lippen eher negativ berührt fühlen. Grundsätzlich gilt für die Lippenstiftfarbe: Bei kaltem Licht (Winterhimmel, Neonlicht) keine blaustichigen Töne verwenden. Sie lassen die Trägerin blaß und fahl wirken. Bei warmem Licht (Kerzenlicht) auf Orange und Brauntöne verzichten (gleicher Effekt). Falls die Zähne leicht gelbstichig sind, sollten Sie alle bräunlichen und gelbroten Töne vermeiden. Besser: bläuliche, nicht zu dunkle Rottöne. Helle, glänzende Farben machen insgesamt jünger und lassen den Mund größer erscheinen.

Das Abc des Auftragens. So machen es die Schminkmeister: Zuerst einen feuchtigkeitsspendenden Balsam auftragen (oder normale Creme), damit die Lippenhaut geschmeidiger wird. Dann Teintgrundierung auf die Lippen tupfen (Farbe hält länger). Mit einem Konturenstift die Lippenlinien exakt nachzeichnen (gibt dem Mund eine saubere, grafische Form). Beginnen Sie beim „V" in der Mitte der Oberlippe, und malen Sie jeweils zu den Ecken hin. Jetzt die Lippenfläche mit einem eigenen Lippenpinsel ausmalen. Papiertuch leicht gegen den Mund drücken und noch einmal nachschminken.

Und noch ein paar Profitricks für die Lippen

1. Je *auffälliger die Lippenstiftfarbe*, um so *perfekter muß der Mund geschminkt sein.*

2. Der *Konturenstift* sollte die *gleiche Farbe wie* der *Lippenstift* haben oder höchstens eine Nuance dunkler sein. Dunkler Konturenstift zu hellem Lippenstift sieht stets etwas clownesk aus und zeugt nicht von großem Stilempfinden der Trägerin.

3. Schnelle, perfekte Lösung für zwischendurch: *Lippenkonturen umranden, Lip-Gloss auftragen* (verwenden Sie

Gloss-Stifte mit Schwämmchen), und den *Konturenüber-gang* sanft *verwischen*.

4. Lippenpflegetricks der Models: *Massieren Sie die Lippen* täglich zwei Minuten mit einer weichen Zahnbürste. Das hält die Haut elastisch und bewahrt sie vor dem Austrocknen.

5. Schneller Trick bei spröden Lippen: Wenn Sonne, Kälte oder Heizungsluft die Lippen rauh gemacht haben, hilft das *Betupfen mit Honig*. Fünf Minuten einziehen lassen, dann Lippenstift auftragen.

Die Model-Diät –
der schnellste Weg zur Traumfigur

Angenommen, Sie haben in letzter Zeit ein bißchen zugelegt. Die Hüften sind eine Spur runder geworden, der Bauchansatz hat sich zu kleinen ringförmigen Pölsterchen ausgeweitet, die Jeans kneifen am Bund. Überkritisch betrachtet, bringen Sie derzeit ein bis zwei Kilogramm zuviel auf die Waage. Vielleicht auch drei bis vier. Oder fünf. Ein paar Einladungen zuviel, ein paar üppige Buffetnachschläge zuviel, ein paar Streßsituationen zuviel, die das hastige Naschen zwischendurch geradezu herausfordern. Der Seele tut das gut. Dem Körper schadet es auch nicht. Trotzdem gebietet es der den Klassefrauen ureigene Perfektionswahn, etwas gegen das drohende Ungemach zu tun.
Nun bitte: Hier ist die schnellste Methode, um effektiv abzunehmen. Die Betonung liegt in diesem Fall wirklich auf dem Wörtchen „schnell", und zwar aus folgendem Grund: Langwierige Diätprogramme sind etwas für äußerst disziplinierte, äußerst beherrschte, äußerst streßunanfällige Menschen, die noch dazu einen zumindest in Ansätzen

ausgeprägten masochistischen Wesenszug ihr eigen nennen.

Ich gehe nicht davon aus, daß Sie zu dieser Gruppe zählen. Ich gehe davon aus, daß Sie rasch, beispielsweise über ein Wochenende, problemlos und ohne die triste Aussicht auf langwierige Kasteiungen die paar gepolsterten Sorgenkinder auf Ihren Kurven loswerden wollen. Rasch und effektiv.

Genau das funktioniert mittels einer Diät, die im fitneß- und formbewußten Kalifornien (wo sonst?) von Ernährungsexperten entwickelt wurde. Insider bezeichnen dieses Abnehmprogramm als „Model-Diät", da es von Fotomodellen (die kulinarischen Üppigkeiten fernab von Studio, Laufsteg und Kamera genauso gerne zusprechen wie alle anderen normalen Menschen) besonders gerne und häufig angewendet wird.

Der große Vorteil der Model-Diät: Sie nehmen damit in nur drei Tagen rund drei Kilogramm ab, ohne den Körper zu belasten und – es klingt fast zu schön, um wahr zu sein – ohne zu hungern. Während der Diät essen Sie ausschließlich Früchte, denn die Abnehmwirkung beruht auf den darin enthaltenen Enzymen.

Um es ganz genau zu erklären: Enzyme sind winzige chemische Bestandteile in unserer Nahrung, die bei der Verarbeitung der Nahrung eine sehr wichtige Rolle spielen. Enzyme sorgen nämlich dafür, daß das, was wir essen, auch optimal verdaut wird. Überflüssige Fettpolster sind im Grunde nichts anderes als unverdaute Nahrung. Durch Zufuhr von Enzymen werden die Pölsterchen aber praktisch aufgelöst.

Die wichtigsten Enzyme heißen Ptyalin (für die Verdauung von Kohlehydraten zuständig), Hydrochlorin (für die Verdauung von Fetten) und Pepsin (für die Eiweißverdauung). Genau diese Enzyme sind in folgenden Früchten enthalten: in Kiwis, Weintrauben und Ananas.

Diese Früchte sind deshalb auch Hauptbestandteile der Model-Diät.

Der angenehme Nebeneffekt, während Sie abnehmen: Besagte Früchte enthalten neben reichlich Vitamin C (eine Kiwi enthält mehr Vitamin C als eine Orange, eine Zitrone und eine Grapefruit zusammen) auch Stoffe wie Kalzium und Magnesium, die wiederum den Stoffwechsel anregen und wesentlich zur Leistungsfähigkeit beitragen.

Kernpunkt des Diätprogrammes sind drei aufeinanderfolgende Entschlackungstage: Während dieser Tage dürfen Sie nur enzymreiche Früchte essen, allerdings in einer genau festgelegten Reihenfolge und in der richtigen Kombination. Das ist deshalb so wichtig, weil sich bestimmte Enzyme bei der Verwertung der Nahrung gegenseitig stören. Die Folge wäre eine schlechte Verdauung der Nahrung und dadurch kein nachhaltiger Abnehmerfolg.

So funktioniert die Model-Diät

Erster Tag: Essen Sie 700 Gramm frische Ananas, und zwar verteilt über den ganzen Tag. Am Abend essen Sie zusätzlich zwei Bananen (insgesamt etwa 200 Gramm). Ganz wichtig: Nach der Ananasmahlzeit müssen Sie mindestens zwei Stunden Pause machen, bis Sie die Bananen essen dürfen.

Zweiter Tag: Über den Tag verteilt dürfen Sie zehn Kiwis und etwa 200 Gramm Weintrauben essen.

Dritter Tag: Über den Tag verteilt 300 Gramm Weintrauben, 300 Gramm Ananas und fünf Kiwis essen.

Pro Diättag nehmen Sie 600 Kalorien (2520 Joule) zu sich. Am besten verteilen Sie die Früchte auf fünf kleine Mahlzeiten pro Tag. Wenn Sie möchten, können Sie einen Teil der Früchte auch auspressen und als Saft trinken.

Ebenfalls wichtig für den Diäterfolg: Trinken Sie pro Tag

bis zu zwei Liter Flüssigkeit, zum Beispiel Kräuter- oder ungesüßte Früchtetees. Auch Mineralwasser mit Zitrone oder Heilwasser sind zulässig.

Wenn Sie sich an den Plan gehalten haben, sind Sie nach drei Tagen um rund drei Kilo leichter.

Ein Tip, den jene Frauen, die beruflich häufig in der Schlacht am kalten Buffet mitmischen, fast immer berücksichtigen: Führen Sie die Model-Diät alle zwei Monate einmal durch. Die Jeans werden dann im Bund nie wieder kneifen, außer Sie kaufen sie aus Übermut jetzt um eine Nummer kleiner.

Und da wir schon von Fotomodellen reden: Außer der beschriebenen Diätmethode gibt es natürlich noch eine Reihe weiterer Tricks, mit denen die optischen Traumfrauen ihre Kurven in Form halten. Die kleinen Geheimnisse zur Erlangung (und Erhaltung) einer guten Figur können für Sie fortan zum offenen Geheimnis werden.

Hier sind die effektivsten Beauty-Rezepte für die Figur. Vom „Autobustrick" (was im ersten Moment sehr merkwürdig klingt, hat eine geradezu sagenhafte Wirkung!) bis zum Geheimnis der Schachtelhalme.

Lassen Sie sich verblüffen.

Wie Models ihre Traumkurven in Form halten

Im folgenden finden Sie zehn Methoden, um Ihre Traumfigur zu erlangen (erhalten), von denen Sie bisher vielleicht noch nichts gehört haben. Und die äußerst effektiv in der Wirkung sind.

1. Der Biertrick. Eine der erprobtesten Methoden, um Fettpölsterchen vorzubeugen. Von Ava Gardner bis Greta Garbo, von Marilyn bis Lana Turner wurde der „Biertrick" einst von der gesamten Riege der Hollywood-Legenden angewendet. Jetzt haben ihn die Supermodels für sich entdeckt. So funktioniert der Trick: Abends, nach der letzten Mahlzeit, ein Glas (alkoholfreies) Bier trinken. Es wirkt so kräftig harntreibend, daß Schlacken und Gifte nachhaltig aus dem Körper entfernt werden. Zusätzlich regt das im Bier enthaltene Vitamin B (besonders im Hefeweizen enthalten) den Stoffwechsel an.

2. Der Schachtelhalmtrick. Schachtelhalmextrakte enhalten ätherische Öle, die die Durchblutung fördern und nachhaltig die Haut straffen. In Modelkreisen sehr beliebt: Schachtelhalm-Ampullenkuren (in der Apotheke erhältlich), die in die Haut einmassiert werden. Es gibt Models, die schwören, daß sich durch die Schachtelhalmöle sogar der Busen sichtbar strafft.

3. Der Kieselerdetrick. Die in der Kieselerde enthaltenen Silikate unterstützen den körpereigenen Zellaufbau. Lösen Sie täglich einen Eßlöffel Kieselerde (gibt es in der Apotheke) in einem Glas Wasser auf, und trinken Sie das Gemisch (schmeckt weniger schlimm, als Sie denken). Ergebnis: Das Bindegewebe wird gestärkt, die Oberhaut wird straffer.

4. Der Zwerchfelltrick. Ein Trick, durch den sich die inneren Bauchmuskeln zusammenziehen und der dadurch die äußeren Bauchmuskeln strafft (und Fettpolster verdrängt). Er funktioniert durch eine spezielle Atemtechnik: Beim Einatmen müssen Sie den Bauch absichtlich herausstrecken, beim Ausatmen ziehen Sie den Bauch ein (fünfmal wiederholen). Erfordert deshalb ein bißchen Übung, weil es normalerweise genau andersherum abläuft. Wirkt sehr effektiv, auch Jane Fonda schwört darauf.

5. Der Molketrick. Molkebäder (aus dem Reformhaus oder der Apotheke) enthalten die Milchwirkstoffe Kalzium, Magnesium, Spurenelemente und Vitamine. Sie regen den

Kreislauf der Gefäße in den oberen Hautschichten an und machen die Haut sofort sichtbar straffer. Regelmäßige Anwendung garantiert den Straffungserfolg.

6. Der Autobustrick. Seinen Namen hat er daher, weil Cindy Crawford einmal in einem Interview erklärte, dieser Trick ließe sich hervorragend in öffentlichen Autobussen anwenden (da ihn kein Mensch auch nur im Ansatz bemerkt). Der Autobustrick ist eine der effektivsten Methoden, um die Muskeln von Po und Oberschenkeln zu straffen. So funktioniert er: Gerade hinstellen, dann die Pomuskeln mit aller Kraft zusammenziehen und zirka drei Sekunden angespannt halten. Wieder lockerlassen und erneut anspannen. Den Vorgang anfangs mindestens zehnmal hintereinander wiederholen, später, wenn die Muskeln bereits etwas trainiert sind, bis zu fünfzigmal. Achtung: Der Muskelkater ist zu Beginn obligat! Aber auch der Erfolg: Wenn Sie zweimal täglich den Autobustrick durchführen (und Sie können ihn wirklich immer praktizieren, sogar während des Zähneputzens), ist der Po nach vier Wochen sichtbar straffer.

7. Der Trick mit der Zupfmassage. Geht ganz einfach und sollte im Optimalfall zur Gewohnheit nach dem Duschen werden. Fassen Sie die Haut an Ihren „liebsten Problemstellen" (z. B. Bauch oder Oberschenkel) zwischen Daumen und Zeigefinger, und zupfen Sie sie sanft in die Höhe. So lange durchführen, bis die Haut an den entsprechenden Stellen leicht gerötet ist. Durch das Zupfen wird die Durchblutung angeregt, das Bindegewebe festigt sich. Wenn Sie unsicher sind, lassen Sie sich von einer Kosmetikerin erklären, wie es geht.

8. Der Schlammtrick. Mineralisch angereicherter Schlamm aus dem Toten Meer (erhältlich in Apotheke und Reformhaus) ist das neue Geheimrezept gegen schlaffe Haut. Der

Schlamm ist als Maske für den ganzen Körper erhältlich und regeneriert die Haut von innen. Sie sollten ihn einmal pro Woche auftragen (Anleitung genau beachten) und können nach vier Wochen die ersten Erfolge feststellen.

9. Der Trick mit dem Seil. Sehr einfach und sehr bewährt. Tägliches Seilspringen ist sogar in Fotostudios neuerdings legitim. Zehn Minuten Seilspringen pro Tag versorgt das Blut mit Sauerstoff, baut Schlacken ab und verbrennt hartnäckige Fettreserven. Keine Müdigkeit vorschützen!

10. Der Wassertrick. Eignet sich ideal für Urlaube, in denen Sie dem Körper Gutes tun wollen, denn Sie brauchen dazu ein Becken. Eine Woche lang täglich zehn Minuten im hüfthohen Wasser laufen. Langsam starten (gehend), dann immer schneller werden. Das Laufen im Wasser festigt besonders das Gewebe am Bauch und an den Oberschenkeln. Zusätzlich behebt es Rückenschmerzen und erweitert das Lungenvolumen.

Die Figur-Killer im Überblick

Daß Figurprobleme nicht nur Veranlagung sind, sondern in den meisten Fällen mit falscher Ernährung zu tun haben, ist bekannt. Nicht so bekannt sind die versteckten „Figur-Killer", die wir täglich in mehr oder weniger großen Mengen zu uns nehmen.

In der amerikanischen „Ford"-Agentur, einer der größten und renommiertesten Fotomodellagenturen der Welt, liegen für die dort unter Vertrag stehenden Models eigene Merkblätter auf, die die bekanntesten (und schlimmsten) Feinde der Figur auflisten.

Voilà – hier sind sie, auf daß sie von Ihnen fortan gemieden werden:

Figur-Killer Kaffee: Er verursacht Cellulitis. Der erste köstliche Schluck beim Frühstück – verständlich, daß Sie nicht darauf verzichten wollen. Wenn Sie zu Cellulitis neigen, sollten Sie den Verzicht auf Koffein trotzdem in Erwägung ziehen. Denn die Substanz, die uns so munter macht, erweitert auch die Blutgefäße. Wer mehr als drei Tassen Kaffee pro Tag trinkt, übersäuert den Organismus durch zuviel Koffein und setzt das Bindegewebe schachmatt. Es verklumpt, Schlacken und Giftstoffe können nicht mehr richtig abtransportiert werden. Sie bleiben im Gewebe und blähen die Fettzellen auf. Bis zur dreifachen Größe – und spätestens dann ist sie da, die dellige Orangenhaut.

Tip für Kaffeeliebhaberinnen: Nicht mehr als zwei bis drei Tassen pro Tag trinken. Wer mehr „Stoff" benötigt, kann auf grünen Tee umsteigen. Der macht genauso munter, ist aber sanfter zum Körper.

Figur-Killer Schokolade: Sie killt Kurven schnell und effizient. Im Seelentröster Schokolade stecken bis zu 60 Prozent Zucker und bis zu 35 Prozent Fett. Also ein Kraftpaket aus Bestandteilen, die der Figur garantiert schaden. Wer zuviel nascht, schadet außer der Figur auch noch der Haut: Das Kakaopulver in der Schokolade kann die Verdauung empfindlich stören, die Folge sind Pickel und Mitesser.

Tip für Naschkatzen: Stillen Sie Ihren Heißhunger auf Süßes mit Backobst, Datteln oder Rosinen. Versagen Sie sich die Schokolade trotzdem nicht ganz – ein Riegel ab und zu tut gut (Schokolade beinhaltet bekanntlich „glücklichmachende" Stoffe). Sparen Sie Kalorien beim Zucker ein, z. B. indem Sie Süßstoff statt Zucker benutzen. PS: Brauner Zucker ist leider um keinen Deut gesünder oder kalorienärmer als weißer Zucker.

Figur-Killer Essig: Er bildet Schlacken im Körper. Der Verzicht auf Essig ist vermutlich die leichteste Art, einer Sünde zu entsagen (Essigabhängige sind mir bisher noch keine bekannt). Essig macht in unserem Verdauungssystem jene Enzyme kaputt, die für die optimale Zersetzung der Nahrung ausschlaggebend sind. Die Speisen bleiben zu lange im Darm, die Folgen: Hautprobleme, schlaffes Gewebe, Cellulitis.

Tip für Essig- und Öl-Anhängerinnen: Essig ganz sparsam dosieren und wie ein Gewürz benutzen. Wenn schon Essig, dann hochwertigen Balsamico-Essig verwenden. Zitronensaft ist allerdings die noch bessere Alternative.

Figur-Killer Salz: Es macht die Haut schlaff. Ernährungsfachleute sind sich einig, daß wir viel zuviel Salz verwenden. Ein Drittel der üblichen Menge würde genügen, um den Feuchtigkeitshaushalt im Körper intakt zu halten. Zuviel Salz hat unschöne Folgen: Es bindet mehr Flüssigkeit im Körper, als nötig ist, und das zeigt sich wiederum dort, wo die meisten Fettzellen sitzen. Am Po, an den Hüften, an den Oberschenkeln und am Bauch. Fett und Flüssigkeit bilden dann die gefährliche Symbiose, die das Gewebe schlaff und schwabbelig macht.

Tip für Nachsalzerinnen: Würzen Sie anstatt mit Salz besser mit Kräutern oder mit speziellem Sellerie- und Kräutersalz, das kein wasserbindendes Natrium enthält (gibt es im Reformhaus). Heimtückisch sind natürlich die versteckten Salze z. B. in Wurstprodukten wie Schinken oder Speck. Vorsicht auch bei Fertiggerichten: Sie enthalten immer weitaus mehr Salz, als Ihnen guttut.

Figur-Killer Wurst: Der heimliche Dickmacher. Kein Mensch denkt beim Hineinbeißen daran: Salami und Mettwurst enthalten über 50 Prozent Fett, andere Wurstsorten sogar bis 60 Prozent. Wurst ist ein stiller, stets unterschätzter Dickmacher. Wurst enthält „böse Fette", das sind ungesättigte Fettsäuren, die vom Organismus nicht verarbeitet werden können. Als Schlackenstoffe lagern sie sich dann im Bindegewebe ab und blockieren den Abtransport der

Giftstoffe. Auch wenn sie gut schmeckt: Wurst ist die Schöpferin aller Rundungen an den falschen Stellen.

Tip für Unverbesserliche: Laut Ernährungswissenschaft soll man täglich nicht mehr als 80 Gramm Fett zu sich nehmen. Der statistische Durchschnitt liegt allerdings bei 140 Gramm. Jede weitere Scheibe Wurst macht sich also still an die Arbeit und bildet ein neues Pölsterchen.

Wenn Wurst, dann kaufen Sie nur magere: Putenbrust, Corned Beef, Roastbeef.

Figur-Killer Kokosfett: Die heimliche Zeitbombe. Kokosfett ist weiß wie die Unschuld, aber tückisch wie der Teufel. Kokosfett (z. B. in Süßspeisen mit Glasuren enthalten) zählt zu den gehärteten Fetten. Diese sogenannten „Transfettsäuren" kann der Körper nicht verwerten. Die Folgen sind bekannt: Schlacken, die sich im Bindegewebe ansetzen.

Tip zur Kokosfettvermeidung: Verwenden Sie kein Kokosfett zum Kochen, und wenn, dann nur zum kurzen Anbraten der Speisen. Viel besser für die Figur ist leichtverdauliches Fett wie Oliven- oder Sojaöl.

Und damit Sie künftig nicht nur wissen, welchen kulinarischen Genüssen Sie entsagen sollen, sondern auch, welche Nahrungsmittel welche Abläufe im Körper bewirken, möchte ich Ihnen die nachfolgende Liste präsentieren. Es ist eine Ernährungstabelle, die all jene Lebensmittel aufzeigt, die neben dem Körper auch den Geist in Topform bringen – Nahrung für das Gehirn, sozusagen. Denn das ist bei Klassefrauen bekanntlich immer, auch während des Essens, gefordert.

Nahrung für Ihr Gehirn: Wie Sie neben dem Körper auch den Geist in Topform bringen

Das müssen Sie essen	So ist die Wirkung
Milch, Nüsse, Reis	stärken das Erinnerungsvermögen
Rindfleisch	fördert das Selbstbewußtsein
Avocados, Spargel, Karotten, Grapefruit	erhöhen das Konzentrationsvermögen
Fisch, Eidotter, Nüsse	stärken das Gedächtnis
Orangensaft, Paprika	heben die Stimmung
Hüttenkäse, Mandeln, Bierhefe	helfen beim Streßabbau
Bohnen, Erbsen, Tofu	fördern das Wohlbefinden
Kohl	vertreibt den Kater
Hering, Rotbarsch	stärken Muskeln und Gehirn
Brot, Nudeln	fördern den Schlaf
Hummer, Weizenkeime	fördern soziale Fähigkeiten
Knoblauch	stärkt das Immunsystem
Austern, Morcheln, Hülsenfrüchte	steigern die Libido
Sojabohnen, Bananen	heben die Laune

Die 50 besten Tricks zum Abnehmen

1. Zwingen Sie sich dazu, *im Sitzen* zu *essen*, anstatt im Gehen oder Stehen hastig etwas zu verschlingen.
2. Nach jedem dritten Bissen das *Besteck beiseite legen* und *30 Sekunden Pause* machen. Die Unterbrechungen vermitteln insgesamt das Gefühl einer ausgedehnten Mahlzeit.
3. *Nie mit leerem Magen in den Supermarkt* gehen – das verführt zum Großeinkauf, der letztendlich wieder aufgegessen wird.
4. *Beim Essen nicht fernsehen oder lesen.* Wer sich ablenkt, schlingt immer mehr in sich hinein.

5. Grundsätzlich *nur eine Portion pro Mahlzeit* essen. Und strikt dabei bleiben.

6. *Nach dem Essen* sofort *Zähne putzen.* Damit verderben Sie sich den Appetit auf den Nachtisch.

7. Fragen Sie sich vor jedem Gang zum Kühlschrank: *Habe ich wirklich Hunger?* Oder bin ich nur frustriert, deprimiert oder gelangweilt?

8. *Jeden Bissen mit Bedacht genießen,* so, als handle es sich um russischen Kaviar.

9. *Fünf kleine Mahlzeiten* pro Tag essen. Das schützt vor Heißhungeranfällen.

10. *Kochen Sie nur so viel, wie Sie* wirklich für eine Mahlzeit *brauchen.* Wer mehr kocht, ißt auch mehr.

11. *Treppen* statt Fahrstuhl und Rolltreppe *benützen.* Und zwar konsequent.

12. Wenn Sie *Kernobst* essen, behalten Sie den *letzten Kern im Mund.* Das hilft über Hungergefühle hinweg.

13. *Nach dem Essen spazierengehen.* Körperliche Betätigung in der ersten Dreiviertelstunde nach einer Mahlzeit verbraucht mehr Kalorien als Bewegung vor dem Essen.

14. *Beschäftigen Sie sich,* sobald Hungergefühl aufkommt. Gehen Sie aus dem Haus, lenken Sie sich ab.

15. Steigen Sie *nach einem Schlemmertag nicht auf die Waage,* sondern halten Sie am nächsten Tag eine Minidiät mit nur leicht gesalzener Gemüsesuppe, Kräutertee und fettarmen Milchprodukten. Denken Sie nicht mehr über den Ausrutscher nach.

16. Trinken Sie *als Aperitif* nur *Tomatensaft,* das ist der kalorienärmste unter den Säften.

17. *Grillfleisch mit Senf* anstatt mit Öl *bestreichen.*

18. *Braten* während der Garzeit nicht mit fettem Fleischsaft, sondern *mit Wasser oder Suppe begießen.*

19. *Vor jeder Mahlzeit* einen *Ballaststoffriegel* essen. Nimmt das Hungergefühl und fördert die Verdauung.

20. Eine Dose Cola entspricht elf Stückchen Würfelzukker. *Steigen Sie um auf „Light"-Getränke.*

21. Statt Chips und Solettis lieber *Reiswaffeln* (aus dem Reformhaus) *knabbern.*

22. *Jeden Bissen zwanzigmal kauen.* Magen und Darm brauchen, wenn man zu essen beginnt, eine Viertelstunde, um an das Gehirn den Sättigungsbefehl zu schicken.

23. Bei Eßgelüsten *außerhalb der Mahlzeiten* einen aromatisierten *Kaugummi ohne Zucker* kauen. Der hilft über den Appetit hinweg.

24. *Fruchtsäfte* zur Hälfte *mit Mineralwasser verdünnen.* Das spart Kalorien, macht satt und ist erfrischender (ein Glas frischgepreßter Orangensaft hat immerhin 60 Kalorien).

25. *Eiswürfel aus aromatisiertem Wasser* bereiten (Erdbeere, Minze, Vanille) und *lutschen,* wenn Sie der große Hunger überkommt.

26. Bevor Sie zu *Einladungen (mit Buffet)* gehen, einen *fettarmen Naturjoghurt* essen. Der sättigt im vorhinein mit wenig Kalorien.

27. Ein großes *Glas mit eingelegten Gurken* vorrätig haben. Wenn Sie Hunger haben, essen Sie eine in kleine Scheiben geschnittene Gurke (100 Gramm saure Gurken haben nur 70 Kalorien).

28. *Käse schließt den Magen.* Deshalb lieber vor als nach einer Mahlzeit essen.

29. *Auf das Betthupferl verzichten.* Ein Bonbon hat immerhin 60 Kalorien, das sind so viele, wie der Mensch in einer Stunde Schlaf verbrennt.

30. *Mate-Tee trinken.* Durch die im Tee enthaltenen Harze wird das Hungergefühl verringert.

31. *Vor jeder Mahlzeit ein Glas Mineralwasser mit Zitrone trinken.* Das füllt den Magen und spült außerdem Schlakkenstoffe aus dem Körper.

32. Möglichst *individuelle Gerichte in kleinen Portionen vorbereiten,* z. B. Ei in Aspik, Schinkenröllchen, Aufläufe in Portionsschüsseln usw. So wird nicht zuviel gegessen.

33. *Zwischen den Mahlzeiten kleine Appetithäppchen* wie Ka-

rotten, Selleriestangen und Fenchelstückchen essen. Das erfrischt und erspart unnötige Kalorien.

34. Kleben Sie ein *Foto aus Ihren mageren Jahren oder das Bild eines Topmodels an die Kühlschranktür.*

35. Immer *kleine Teller benutzen,* die Portion wirkt dann größer.

36. Wenn Sie *Lust auf Kuchen oder Schokolade* bekommen: *20 Minuten warten.* Meist werden Sie dann von anderen Dingen abgelenkt.

37. *Betrachten Sie sich* regelmäßig *nackt im Spiegel.* Das ist die beste Motivation zum Abnehmen.

38. *Verzichten Sie dreimal in der Woche auf das Abendessen.*

39. *Zögern Sie die erste Mahlzeit so lange wie möglich hinaus.* Je früher Sie essen, desto früher bekommen Sie wieder Hunger.

40. Wenn Sie *essen gehen* wollen, wählen Sie ein *japanisches Restaurant:* Die Speisen dort haben die wenigsten Kalorien.

41. *Kochwasser von Grüngemüse* zurückbehalten, aufbewahren und später *als Gemüsesaft trinken.* Es enthält kaum Kalorien, dafür aber Mineralstoffe und Vitamine.

42. Probieren Sie die *„Mittelmeer-Diät":* So oft wie möglich Tomaten mit Mozzarella, frische Salate und viel Obst essen.

43. *Bereiten Sie Fleisch und Fisch in Alufolie zu.* Dann müssen Sie kein Fett verwenden.

44. Legen Sie *einmal in der Woche einen Obsttag* ein, an dem Sie ausschließlich Äpfel, Ananas und Kiwis essen.

45. *Schneiden Sie* grundsätzlich *alles so dünn wie möglich.* Der Magen bekommt dann von den Augen signalisiert: Du bekommst gerade ziemlich viel zu essen.

46. Wann hatten Sie Ihren letzten *Reistag?* Reis enthält wenig Natrium (das Flüssigkeit im Körper bindet), aber viel Kalium (das sie hinausschwemmt). Ein Reistag pro Woche, und Sie verlieren bis zu ein Kilo Gewicht (allerdings an Flüssigkeit, die Fettreserven werden nicht angegriffen).

47. Schreiben Sie *eine Woche lang* alles auf, was Sie essen.

Führen Sie *ein Speiseprotokoll,* und schrauben Sie sich langsam zurück.

48. *Dämpfen Sie Ihren Abendhunger,* indem Sie am Nachmittag *zwei hartgekochte Eier* essen. Die sättigen immens
und spielen kalorienmäßig keine große Rolle.

49. *Äpfel sind die ideale Vorspeise.* Ein Apfel vor dem Essen
füllt den Magen kalorienarm, sorgt für gute Verdauung und
beruhigt außerdem die Nerven.

50. *Abnehmen muß auch Spaß machen.* Darum sollten Sie
sich ein Belohnungssystem ausdenken, das Sie richtig mo-
tiviert. Für jedes verlorene Pfund könnten Sie sich z. B. eine kleine Sünde gönnen. Einen Blumenstrauß, eine neue
Bluse, ein Parfum. Selbstverständlich kein Stück von der
fetten Schokotorte!

Wie Klassefrauen einkaufen

Die Lust auf Luxus –
und wie man damit umgeht

„Luxus ist etwas sehr Subjektives", meint Zigarrenpapst Zino Davidoff, dessen Name inzwischen selbst zu einer Ikone des Luxus geworden ist. Und mit dieser Deutung kommt er dem Verständnis von Luxus auch ziemlich nahe. Luxus ist, sich die pure Unvernunft zu leisten. Das kann die Zeit für eine nachmittägliche Liebesstunde sein, der notfalls auch ein Geschäftsabschluß geopfert wird. Und das kann genausogut ein Abendkleid vom Designer sein, so sündhaft teuer, daß man schon beim Probieren weiß, man muß die nächsten Wochen nur von Brotsuppe leben.
Luxus ist die Lust auf Überfluß, auf Schnickschnack, auf Dinge, die wir absolut nicht brauchen, aber gerne hätten, und die den anderen symbolisieren, daß wir sie uns auch leisten können. Um diesen Begriff von Luxus den anderen auf der Stelle klarzumachen, haben sich Nobelmarken sicher und eindeutig etabliert. Sie sind die Marktgewinner der letzten Jahre und werden es auch bleiben – trotz Rezession und allerorts propagierter „neuer Bescheidenheit", die sich in der Praxis darin zeigt, daß man den Nerz nun eben nicht mehr nach außen, sondern geschoren als Innenfutter trägt.
Wer die Welt des schönen Scheins zum persönlichen Luxus macht, legt ab: Für einen schlampig geschnittenen Seiden-

parka von Jean Paul Gaultier werden locker 2.500 DM auf
den Ladentisch geblättert, das gelangweilte Gesicht der
Verkäuferin (die ihn sich nicht nur selbst gar nicht leisten
kann, sondern auch nicht so blöd wäre, ihn zu kaufen) ist
im Preis inklusive. Ein weißes Hemd des japanischen Designers Issey Miyake, das allein durch seine Schlichtheit
besticht, ist trotz des frivolen Preises von 1.300 DM ein
Bestseller. Eine Tasche von Chanel kostet 3.000 DM, dafür
sind die Innenfächer zart gefüttert, und das Leder ist per
Hand gestanzt.

Schuhdesigner Stephan Kèlian erzeugt feinste Gehwerk-
zeuge, die, zum Preis von 2.000 DM, fast schon vergriffen
sind, ehe sie im Licht der Auslagen glänzen (es handelt sich
hierbei um Wildlederstiefeletten, allerliebst geschnürt).
Die Schweizer Strumpffirma Fogal bietet Nylonhüllen für
die Beine um 180 DM an und kann über mangelnde Kundschaft nicht klagen.

Bei der Hautpflege holt Kanebo, neben Shiseido der be-
kannteste japanische Kosmetikkonzern, die Schönheit der
modernen Frau aus dem Dornröschenschlaf. Ein Tiegel-
chen „EX La Crème" kostet 750 DM, der Beipackzettel verspricht dem Teint dafür schon auf Erden himmlische
Schönheit. Noch luxuriöser schnitt dagegen vor rund zehn
Jahren nur noch das Parfum „Jovan" ab, dessen Sexuallock-
stoff Andostrenol es genauso begehrt wie teuer machte:
350 DM kostete es. Pro Gramm. Die potentielle Klientel
für den künstlichen Scharfmacher hat mit den Jahren allerdings dazugelernt, denn heute ist das Produkt vom Markt
verschwunden.

Wenn die Preise für Luxusprodukte statt ins Unverschämte
schon ins Unermeßliche reichen, streiken auch die Bestbe-
tuchten.

Wie der Appetit auf Luxus in breiten Schichten gehandhabt
wird, zeigen Untersuchungen sehr deutlich: Das Münchner
Umfrageinstitut „Gesellschaft für Rationelle Psychologie"
hat errechnet, daß Frauen der mittleren Einkommensschich-

ten pro Monat im Durchschnitt 350 DM für „hochpreisige und exklusive Artikel", also Luxusartikel, ausgeben.

Dreihundert Frauen wurden zudem gefragt, was Luxusartikel für sie bedeuten. Die luxuriöse Einstellung der Damen fiel folgendermaßen aus:

78 Prozent meinen: Luxusartikel heben das Selbstbewußtsein.

65 Prozent meinen: Durch Luxusartikel hebt man sich von der Masse ab.

56 Prozent meinen: Luxusgüter beweisen guten Geschmack.

39 Prozent meinen: Luxusgüter sind Ausdruck von Lebensstil.

31 Prozent meinen: Luxus verschönert allgemein das Leben.

Wo für jemanden der Luxus beginnt, ist – neben dem Stil (und den zu besitzen, ist schon ein gewaltiger Luxus) – vor allem eine Frage der persönlichen Finanzen. Es gibt Milliardärinnen, wie etwa die Kaufhauswitwe Heidi Horten, die per Privatjet einmal im Monat zu ihrem Lieblingsfriseur jenseits der Grenzen fliegen. Und es gibt millionenschwere Pfennigfuchserinnen, wie Bühnenstar Diana Ross, die zwar im eigenen Privatjet um die Welt fliegen, für den Souvenireinkauf aber die örtlichen Billigläden bevorzugen. Womit die Lady aus dem Show-Biz in die Riege der Luxus-Trendsetterinnen einzureihen ist.

Luxus-Trendsetterinnen sind nämlich diejenigen, die sich alles leisten könnten, aus Spaß an der Sache aber gerne günstig einkaufen. In New York, Hochburg des luxuriösen Shoppings, machen sich die gutbetuchten „Ladies who lunch" (so nennt man dort die berufsmäßigen Ehefrauen, die sich mittags mit ihren Gesinnungsgenossinnen zum Nobel-Lunch in den Gourmettempeln der Upper East Side einfinden) einen Sport daraus, nach billigen „Bargains" (Angeboten) zu fahnden.

„Bargain hunting", wie die Suche nach den begehrten Son-
derangeboten benannt wird, zählt zur Lieblingsbeschäfti-
gung vieler reicher New-Yorkerinnen. Keine vergibt sich
etwas dabei, vor dem Kleiderständer mit der Aufschrift
„Sale" nach einem „Schnäppchen" zu wühlen. Auch wenn
sie selbst dabei ein Chanel-Kostüm trägt, das mehr wert ist
als die gesammelten Sonderangebote der Boutique.
Man kann sich seinem Bedürfnis nach Luxus also hem-
mungslos hingeben oder – wie viele „Luxusfrauen" es tun
– klug damit umgehen.
Ein Beispiel für klug eingesetzten Luxus-Lifestyle ist das
„Nützt-du-mir,-dann-nütz-ich-dir"-Spiel, dem sich Designer und Protagonistinnen des öffentlichen Interesses gerne hingeben. Caroline von Monaco etwa (und nicht nur sie)
hat noch nie in ihrem Leben für ein Abendkleid einen Pfen-
nig bezahlt. Sämtliche Abendkleider werden ihr von Designern (in ihrem Fall ist es Karl Lagerfeld) zur Verfügung
gestellt – ein Luxushändchen wäscht in diesem Fall das andere. Der Designer freut sich, daß seine Kreationen in der
Öffentlichkeit stehen, fotografiert werden, kurz, die Kurven eines prominenten Körpers bedecken. Der prominente
Körper wiederum ist froh, für die Dauer einer Nacht mit
erstklassiger Designerware ausgestattet zu sein, gratis und
ohne die textile Kostbarkeit später jahrelang im Kasten
horten zu müssen, da man sich damit ja doch nicht mehr
zeigen kann, wenn man es bereits auf dem Fest XY getan
hat. Sie verstehen?
So wie Caroline bei Bedarf von Lagerfeld ausstaffiert wird,
werden es andere Prominente von anderen Modeschöpfern.
Ganz Hollywood trägt zu offiziellen Glanz- und Glamour-
festen, z. B. bei der jährlichen „Oscar"-Verleihung, textile
Hüllen Mailänder Ursprungs. In den letzten Jahren spielte
Giorgio Armani den milden Wohltäter, der Bühnen- und
Leinwandstars wie Michelle Pfeiffer, Judy Forster oder Liza
Minelli (die Liste ist beliebig lange fortzusetzen) kamerage-
recht in seine Kreationen verpackte. Der Werbeeffekt ist

natürlich gigantisch. Auch die Hüllen des Mailänder Modedesigners Gianni Versace werden von der Hollywood-Prominenz gerne zu Ausstattungszwecken herangezogen, wobei Versace lieber die männlichen Stars in seine Kreationen verpackt. Es handelt sich bei diesem „Wenn-du-mein-Kleid-anziehst,-bekommst-du-es-gratis"-Spiel sozusagen um einen Trick der Luxusklasse, der aber nur dann funktioniert, wenn man das Gegenteil der „Persona non grata" repräsentiert.

Eine Luxusstufe darunter, dort, wo die Designer an der Gratisausstaffierung schon deshalb nicht interessiert sind, weil sie sonst niemals Geschäfte machen würden, wird aber ebenfalls mit Tricks gearbeitet. Zu dieser zweiten Stufe der Luxuskategorie zählen etwa Society-Löwinnen wie Ivana Trump. Frauen also, die Unmengen in ihre Garderobe investieren, die das Geld dafür aber zumindest nicht leichtfertig ausgeben. Diese Society-Löwinnen der zweiten Luxuskategorie haben mit diversen Designern meist geschäftliche Deals. Motto: Gibst du mir ordentliche Prozente, garantiere ich dir eine gewisse Präsenz in der Öffentlichkeit. Sprich: Ein kräftiger Preisnachlaß bewirkt eine erstklassige Erwähnung in Interviews (Ivana Trump bezeichnet Gianni Versace in eben diesen nicht ohne Grund als ihren Lieblingsdesigner) und zudem natürlich eine hohe Werbewirksamkeit für den Designer. Wer sich als Society-Löwin durch die Partylandschaft kämpft, wird von vielen Augen gesehen und hat, was die Garderobe betrifft, natürlich eine gewisse Vorbildwirkung. Designer wissen also, wem sie großzügig Rabatt gewähren.

Wer es in die Luxusliga Nr. 1 (Gratiszuteilung der Garderobe) und Nr. 2 (Preisnachlässe nach Vereinbarung) nicht (oder noch nicht) geschafft hat, kann sich immer noch die Tricks der Luxusliga Nr. 3 zunutze machen. In diese Kategorie fallen jene Frauen, die teure Designerware zu ihrem Markenzeichen gemacht haben, über neue Kollektionen

stets bestens informiert sind und wirklich nur die brandak-
tuellen Stücke tragen. Da diese Frauen häufig einkaufen
(müssen), nimmt ihr Fundus an „alter" Garderobe binnen
kurzer Zeit beachtliche Ausmaße an.

Nur in den wenigsten Fällen wird dieser Fundus von seiner
Besitzerin aber so liebevoll archiviert, wie er es vielleicht
verdient hätte. Selbst Luxusfrauen wohnen in Häusern von
beschränktem Ausmaß, und irgendwann ist auch die Garderobe von der Größe eines Ballsaales voll.

Was tun die modebegeisterten Ladys dann? Sie veranstal-
ten häufig sogenannte „Kleiderpartys", zu denen Freundinnen und Bekannte eingeladen werden und die in den meisten Fällen nach dem Tauschprinzip ablaufen. In etwa sieht
das so aus: Freundin A spitzt schon lange auf den roten
seidenen Ungaro-Anzug der Gastgeberin, die hat ihn ohnehin schon auf der Party X getragen (und da er so auffällig rot
ist, haben sich das auch alle gemerkt, was ein nochmaliges
Tragen unmöglich macht) und gibt ihn gerne weiter.
Selbstverständlich nur im Austausch gegen das schwarze
Valentino-Abendkleid von Freundin A, die das gute Stück
zwar erst vor drei Monaten kaufte, die ins Auge gefaßte
Diät aber nie begonnen hat und jetzt noch immer nicht
hineinpaßt. Der rote Ungaro und der schwarze Valentino
wechseln also die Besitzerin, ein grüner Dior-Hosenanzug
wechselt kurz darauf von Freundin A zu Freundin B, während Freundin C ein cremefarbenes Chanel-Ensemble im
Austausch gegen einen schlichten, aber trotzdem sündteuren Armani-Blazer an Freundin D weitergibt. Am Ende
sind alle zufrieden, die Gastgeberin ist jene Stücke losge-
worden, die sie ohnehin nicht mehr anziehen wollte, hat
allerdings den kurzfristig geschaffenen Platz in ihrer Garderobe noch immer nicht wesentlich reduziert. Hauptsache, es hat Spaß gemacht.

Noch eine Luxuskategorie tiefer, dort, wo jene Society-Löwinnen angesiedelt sind, deren Modebudget zumindest einigermaßen überschaubar ist, wird nicht getauscht, son-

dern verkauft. Ist die Gastgeberin von großer innerer Milde, spendet sie den Erlös ihrer Kleiderparty einem wohltätigen Zweck. In Amerika sind solche textilen Charities an der Tagesordnung, meist ist bei der Party dann auch zufällig die Kolumnistin der örtlichen Tageszeitung zugegen, die das großzügige Herz der Gastgeberin mediengerecht zu preisen versteht. Boshaft gesagt, eignen sich Kleider-Charities hervorragend dazu, um den alten Plunder im Kleiderkasten auf sehr elegante Weise loszuwerden. Wer nicht soviel Aufhebens um seine Person und die damit verbundenen textilen Kleinode schaffen möchte, zeigt sich nur sich selbst gegenüber wohltätig. Kleiderpartys, auf denen edle Stücke vergangener Saisonen günstig an Interessentinnen weitergegeben werden, sind gang und gäbe und zudem eine sehr vernünftige Sache.

Wann immer Sie Gelegenheit haben, an einer solchen Party teilzunehmen, tun Sie's. Erstens macht es Spaß, zweitens bekommt man einen guten Einblick, wie die anderen solche Dinge aufziehen. Und nichts spricht dagegen, daß Sie selbst auch einmal so eine Party geben. Nicht im großen Rahmen, sondern einfach mit ein paar Freundinnen. Sie sind vielleicht froh, wenn Sie den schwarzen, sündteuren Hosenanzug, der seit drei Jahren sein Dasein in der linken äußeren Garderobenecke fristet, endlich loswerden. Ihre Freundin freut sich, wenn sie ihn günstig bekommt. Und Sie erstehen dafür ein schlichtes schwarzes Abendkleid, das wie angegossen sitzt und Ihnen von der Vorbesitzerin zum Diskontpreis überlassen wurde.

Falls Ihnen das aber zuviel Mühe macht, weil Zeit für Sie möglicherweise der allerhöchste Luxus ist, blättern Sie einfach um. Denn dann erfahren Sie, wo die Damen der ersten, der zweiten, der dritten und der darunterliegenden Luxuskategorien ihre sagenhaften Designerstücke kaufen, ohne sich finanziell dem Ruin auszusetzen. Reihen Sie sich ein in die Riege der Luxus-Trendsetterinnen, die um die letzten Shopping-Geheimnisse dieser Welt Bescheid wissen.

Die internationalen Shopping-Tricks und die Geheimadressen, die Sie kennen sollten

Es gibt Frauen, die kommen viel in der Welt herum und verstehen, das zu nutzen: In Paris schauen sie auf einen Sprung bei Chanel in der Rue Cambon vorbei, in New York flanieren sie kurz die Madison Avenue hinunter, vorzugsweise im Teilbereich zwischen der 50. und 75. Straße, wo die großen Designer ihre Prachtboutiquen haben.
Es gibt andere Frauen, die ebenfalls viel in der Welt herumkommen, das aber wesentlich besser zu nutzen verstehen: Statt sich bei Ralph Lauren auf der Madison Avenue mit den Trendstücken der neuen Saison einzudecken (und dafür ein Vermögen abzulegen), nehmen diese Frauen ein Taxi und fahren zur Adresse Broadway Nr. 1407. Dort erstehen sie die guten Stücke von Ralph Lauren um nicht einmal ein Drittel des Boutiquenpreises (genaue Erklärung folgt umgehend).
Man kann klug einkaufen – oder klüger als alle anderen. Wie Sie letzteres praktizieren, verraten Ihnen die nachfolgenden Shopping-Tricks, die jene geheimen Adressen beinhalten, die Klassefrauen mit Sinn für Geschäftliches unbedingt kennen sollten. Adressen, wo Sie die schönsten Designerstücke günstiger als alle anderen erwerben können. Wagen Sie sich auf den versteckten Pfad der Shopping-Insider.

Da Sie beim Einkaufen selbstverständlich nicht nur an sich, sondern auch an die anderen denken, lohnt es sich, auch die Geheimtips für den Erwerb erlesener Souvenirs zu kennen. Die Mühe, stundenlang durch fremde Städte zu laufen, um für Bekannte, Verwandte, Kollegen oder daheimgelassene Ehemänner etwas Hübsches zu finden, können Sie sich künftig sparen (ganz hart gesagt: Nutzen Sie die Zeit lieber für sich!). Vergessen Sie außerdem billige Andenkenläden und fliegende Händler.

Das Codewort für perfekte Mitbringsel heißt „Museum-Shop".

Das Besorgen von Souvenirs in Museum-Shops hat zwei entscheidende Vorteile:

1. Diese Art von Andenken suggerieren dem Beschenkten Kunstverstand. Kein Mensch ist durch ein mitgebrachtes T-Shirt mit der leidigen Aufschrift „Big Apple" zu beeindrucken. Mehr Eindruck machen Sie mit einer Krawatte, auf der sich beispielsweise Michelangelos David lasziv den Stoff emporräkelt.

2. Sie finden eine Fülle origineller Dinge unter einem Dach und haben das Problem des „Besorgens für andere" damit vom Hals.

Das sind die besten Museum-Shops der Welt

NEW YORK
Museum of Modern Art *(11 West 53rd Street)* und
Metropolitan Museum of Art *(Fifth Avenue Höhe 82nd Street).* In ersterem Museum-Shop finden Sie eine Vielfalt wunderschöner Foto- und Kunstbände, Designer-Schachbretter, verrückt bemalte Schlipse, Papierservietten mit dem Konterfei von Warhol und Tausende andere Kleinigkeiten.

Der Laden des Metropolitan-Museums ist der größte Museum-Shop der Welt und offeriert einen eigenen dicken Katalog, in dem die Highlights aus dem Angebot abgebildet sind. Sie können ihn sich nach Hause schicken lassen und die Bestellungen von nun an fernmündlich tätigen. Das ist die perfekte Methode, um sich von nun an als kreativster Schenker der Umgebung zu profilieren (die Ideen für Geschenke gehen Ihnen nie wieder aus).

LOS ANGELES
Museum of Contemporary Art (*260 S. Grand Avenue, Ecke California Plaza*). Alles an Verrücktheiten, was das Herz stilvoller (oder zumindest origineller) Souvenirjäger schneller schlagen läßt. Ein Pflichtbesuch, falls Sie in der Stadt weilen.

PARIS
Musée des Arts Décoratifs et de la Mode (*107-109 Rue de Rivoli*). Ein Muß für modeinteressierte Schenker und Beschenkte: Hier findet man Reproduktionen alter Yves-Saint-Laurent-Gürtel, Seidentücher von Schiaparelli und Dior, Bauerntrachten und ultramoderne Designerhemden.

LONDON
Victoria & Albert Museum (*Cromwell Road*). Tischdecken von Liberty, Silberschmuck junger Künstler, Keramik neuer und alter Meister, witziges Geschirr. Das passende Geschenkpapier ist von William Morris entworfen.

British Museum (*Great Russel Street*). Hinter den eindrucksvollen Säulen des Museums verbirgt sich ein Shop, der auf gekonnte Reproduktionen alter Meister spezialisiert ist. Dazu gibt es schrankweise Bücher, Seidenschals, T-Shirts und jede Menge „Gimmicks".

MADRID
Academia de Bellas Artes (*Alcala 13*). Vergessen Sie den Prado, und begeben Sie sich zum Kunst-Shopping in die Akademie der schönen Künste. In der angeschlossenen Biblioteca kann man Goya-Drucke in kleiner Auflage erwerben und Lithographien weniger bekannter Maler.

BARCELONA
Palacio de la Virreina (*Ramblas 99*). In diesem prachtvollen Palazzo (gleich an der Flaniermeile Barcelonas gelegen) gibt es

eine Riesenauswahl an Bildbänden, T-Shirts und Posters von Picasso bis Mariscal (Designer des Olympiamaskottchens).

KOPENHAGEN
Royal Copenhagen Antiques *(Georg Jensen Bredgade 11)*. Das Museum ist nur zwei Zimmer groß und eine wahre Shopping-Fundgrube. Pures Design, zu edlen Kleinoden umgesetzt.

Nachdem die anderen nun bedacht sind, sind Sie an der Reihe. Und nachdem die Souvenirbeschaffung relativ flott ging, haben Sie jetzt Zeit für sich. Die brauchen Sie auch, denn das ist der einzige Nachteil des „klügeren" Shoppings. Sie brauchen, wenn Sie beim Einkaufen die regulären Preise umgehen wollen, einfach mehr Zeit, als wenn Sie in der nächstbesten Boutique ein teures Teil aussuchen. In New York oder auch in Paris kann man zu sagenhaft günstigen Preisen Designermodelle erstehen, nur ist es eben etwas zeitaufwendiger.
Die Shopping-Geheimtips dieser beiden Städte sind es wert, sie etwas ausführlicher zu behandeln. Auch Italien hat einige sensationelle Geheimadressen für Shopping-Insider zu bieten. Nicht nur was Mode, sondern auch was Tischkultur und Designerobjekte betrifft. Nachstehend finden Sie sie alle.
Beginnen wir aber mit Paris, der Hauptstadt von Lebensart, Mode und Luxus.

Nach Paris der Mode wegen:
Haute Couture im Ausverkauf

Wenn Sie den günstigen PEX-Flugtarif buchen (inklusive Wochenendnächtigung), zahlt sich ein spezieller Shopping-Trip nach Paris schon deshalb aus, weil Sie die Flugkosten durch die Shopping-Einsparungen locker wieder hereinbe-

kommen (natürlich geben Sie dafür beim Einkaufen mehr
aus – aber Sie würden sich ja auch daheim etwas gönnen).
Der Schlüssel, mit dem man günstig an die edlen Schöp-
fungen der bekanntesten Modehäuser herankommt, heißt
„dégriffé" und bedeutet folgendes: Einige Boutiquenbesit-
zer in Paris haben mit den großen Modehäusern Verträge
abgeschlossen, die ihnen Topmodelle vergangener Kollektionen oder auch Restposten bestimmter Textilproduktio-
nen garantieren. Diese Teile werden zum halben Preis oder
sogar noch billiger an die Kunden weitergegeben. Die
Adressen dieser Geschäfte werden unter Pariserinnen als
Tips gehandelt, die bares Geld wert sind.
Was bedeutet „dégriffé"? „Griffe" ist „die Klaue", also das
Zeichen eines Modedesigners, und „dégriffé" heißt theore-
tisch, daß von den ermäßigten Kleidungsstücken die Designermarken entfernt werden. In der Praxis ist das aber so
gut wie nie der Fall.
Und das sind die Adressen, die Sie kennen sollten:

Mouton à cinq pattes (*19, Rue Grégoire de Tours, 75006 Paris*).
Modebewußte Pariserinnen verbringen hier regelmäßig einen Nachmittag im Monat, Models aus ganz Europa handeln die Adresse als heißen Insidertip. Hier gibt es Kreationen von Spitzendesignern wie Montana, Jean Paul Gaultier
oder Helmut Lang ab ca. 200 Francs.

Annexe des Créateurs (*19, Rue Godot de Mauroy, 75009 Paris*).
Extravagante Abendkleider von Thierry Mugler um 2.000
Francs, dazu Kollektionen von Lolita Lempicka, Moschino
und Martine Sitbone.

Miss Griffes (*19, Rue de Penthiévre, 75008 Paris*). Hier werden
Vorführmodelle aus den aktuellen Kollektionen zum halben Preis offeriert. Kleider von Chanel, Yves Saint Laurent
oder Givenchy. Die Boutique ist eng und klein, das Angebot ist sensationell.

Mi Prix *(27, Boulevard Victor, 75015 Paris).* Die Preise liegen hier zwischen 30 und höchstens 500 Francs, dafür darf man sich von kleinen Fehlern in Designerhemden nicht abschrecken lassen. Witziges und Ausgeflipptes von Popy Moreni oder Missoni.

Didier Ludot *(23, Galerie Montpensier).* Hier finden Sie Kosmetik und Accessoires (z. B. von Chanel und Hermés) um bis zu 50 Prozent verbilligt.

Nach New York der Preise wegen: Hier diktiert der „Sale" die Mode

New York ist in jedem Fall eine Reise wert, erst recht, wenn Sie die Insideradressen der Stadt kennen. New York ist ein Paradies für „Shopping maniacs", für Modeinteressierte, die nach Ausgefallenem suchen und die hohe Qualität nicht unbedingt mit hohen Preisen gleichsetzen wollen. Ich kenne Modejournalistinnen aus Mailand, einer Stadt, die allgemein als Shopping-Eldorado für Trendsetterinnen gilt. Diese Journalistinnen fahren trotzdem einmal pro Jahr eine Woche nach New York und decken sich dort – an den richtigen Adressen – mit der kompletten Garderobe für das nächste Jahr ein.

Warum New York und nicht Mailand? Weil New York unvergleichliche Möglichkeiten bietet, Topmode zu Minipreisen zu erstehen. Außerdem ist New York die Welthauptstadt der Ausverkäufe, die hier praktisch allgegenwärtig sind. Zusätzlich zu den saisonbedingten „Sale"-Zeiten im Herbst und Frühjahr gibt es dort einen *Pre-Christmas-* und einen *After-Christmas-Sale*, einen *Columbus-Day-*, *Thanksgiving-* und *President's-Day-Sale*, einen *Fathers-Day-* und *Mothers-Day-Sale* – kurz: Wer in New York etwas zu regulären Preisen kauft, hat es nicht besser verdient.

Nicht das Empire State Building, nicht die Freiheitsstatue

und nicht das World Trade Center sind die wahren Sehens-
würdigkeiten von New York. Sie sind vielmehr:

Loehmann's *(9 West Fordham Road at Jerome Avenue, Bronx).*
Keine Panik vor der Adresse, sie ist tagsüber völlig sicher,
und jeder Taxifahrer bringt Sie hin. Loehmann's ist New
Yorks bester Diskonter für hochwertige Designermarken
und der Geheimtip schlechthin. Die Firma kauft Marken
und Musterkollektionen großer Textilerzeuger auf und gibt
die Stücke um bis zu 80 Prozent verbilligt an die Kundinnen weiter. Loehmann's ist in allen Stadtteilen New Yorks,
außer in Manhattan, vertreten (ein bißchen Mühe muß
schon sein), die Bronx-Filiale ist aber die beste und größte.

Bolton's *(15 Filialen in ganz Manhattan – die Geschäftsportale
sind nicht zu übersehen).* Die beste Adresse für preiswerte
Seidenblusen in hochwertiger Qualität. Auch sind hier
Jacken, Pullis und T-Shirts in überreicher Auswahl und extrem günstig zu haben.

Labels for Less *(25 Filialen in ganz Manhattan).* Sportliche und
sehr trendgerechte Mode, Schuhe und Accessoires zu äußerst vernünftigen Preisen. Immer einen Besuch wert, man
kommt beim Citybummel ohnehin früher oder später an
einer der Filialen vorbei.

Conway *(1335 Broadway und 35th Street, neben Macy's).* Hier
darf nichts probiert werden, der Shop funktioniert nach
dem „Get-and-go"-Prinzip. Dafür gibt's tadellose Stücke
schon ab drei Dollar. Das beste ist aber die Kinderabtei-
lung, in der die Preise Unter-Keller-Niveau erreichen.

Garment Centers *(1411 und 1407 Broadway).* Die beiden riesi-
gen Garment Centers befinden sich zwischen Broadway
und 7th Avenue, die in dieser Gegend auch offiziell Fashion
Avenue heißt. Hier haben die wichtigsten Textilproduzen-

ten Amerikas ihre Firmensitze, die Designer ihre „Show-rooms" (wo für die Einzelhändler die Kollektionen ausge-stellt sind) und die Großhändler ihre Lagerräume. Generell gilt der Abschnitt zwischen der 25th und 50th Street auf der 7th Avenue als Shopping-Paradies für Preisbewußte. Hier gibt es die Mode von morgen zu auffallend niedrigen Preisen.

In den beiden Garment Centers haben alle bedeutenden US-Designer – von Calvin Klein bis Ralph Lauren, von Donna Karan bis Oscar de la Renta – ihre Büros eingerich-tet. Und hier können Sie auch die sensationellsten Billig-käufe der gesamten Mode-Industrie tätigen. Am Empfang der beiden Buildings, im Erdgeschoß, liegen täglich Flug-zettel jener Firmen auf, die ihre Musterkollektionen ver-kaufen – im Verhältnis spottbillig, weil zum Erzeugerpreis. Sie brauchen nur mit dem Lift in das angegebene Stock-werk zu fahren und letztendlich bar zu bezahlen (das ist bei fast allen Firmen Bedingung).

Diamond Row *(47th Street zwischen 5th und 6th Avenue)*. Schmuck zum Großhandelspreis erstehen Sie am besten in der soge-nannten Diamond Row, hier reiht sich ein Schmuckladen an den nächsten.

Fortunoff *(5th Avenue und 54th Street)*. Ebenfalls eine gute Adresse für Schmuck. Die Firma bezeichnet sich selbst als Diskonter, was allerdings etwas übertrieben ist. Die Preise sind günstig, aber spottbillig nun auch wieder nicht. Es gibt schlichtweg alles, von der Perlenkette bis zum Trendring aus witzig verarbeitetem Sterlingsilber.

Bergdorf Goodman *(754 5th Avenue und 58th Street)*. Ein Besuch bei diesem Designerkaufhaus ist ein Pflichttermin, falls Sie in den Monaten Juni/Juli oder Dezember/Jänner in New York sind. Bergdorf ist das exklusivste Modehaus in Man-hattan und bietet ausschließlich Ware von Spitzendesignern an. In den angeführten Monaten werden jeweils die alten Kollektionen durch die neue Ware ausgetauscht. Fazit: sensationelle „Sales", bei denen Sie Stücke von Lagerfeld und Konsorten um bis zu 70 Prozent verbilligt bekommen. Achten Sie auf die großen, vollbehangenen Kleiderständer vor den jeweiligen Designershops im Kaufhaus – darauf hängen die wahren Objekte der Begierde.

Die spektakulärsten Shopping-Geheimtips in Italien: Lebensart zu Dumpingpreisen

Falls Sie Ihr nächster Urlaub nach Italien führt, sollten Sie die Route so anlegen, daß sie zumindest an einigen der nachstehend angeführten Adressen vorbeikommen. Es zahlt sich aus.

MAILAND

Salva Gente *(Via Bronzetti 16, Mailand)*. Alta-Moda-Stücke bekannter Designer, wie Versace, Cerruti, Krizia. Alles zu Sconti-Preisen bis zu 50 Prozent verbilligt.

Fratelli Rosetti *(Via Cantu 24, 20015 Parabiago, Mailand)*. Direkt im Werk des Edelschusters (Rosetti-Schuhe werden auf der New Yorker Madison Avenue um mindestens 300 DM das Paar verkauft) können Sie Taschen, Gürtel und erlesenstes Schuhwerk um 50 Prozent billiger als im Handel erwerben.

Artemide *(Via Bergamo 18, 20010 Pregnano bei Mailand)*. Designerobjekte und wunderschöne Lampen aller Art können hier direkt ab Werk gekauft werden. Bis zu 50 Prozent günstiger als in Deutschland oder Österreich.

GENUA

Gentry Portofino *(Via Tortona 31, rosso, 16100 Genua)*. Hier gibt es hochwertige Strickwaren aus Kaschmir bis zu 50 Prozent verbilligt.

MONTEVARCHI
Pellettieri d'Italia *(Loalita Levanella, 52025 Montevarchi)*. Kosmetikprodukte und Accessoires, 50 Prozent unter den Einzelhandelspreisen (z. B. Taschen von Prada).

PIEMONTE
Alessi *(Stabilimento Alessi di Crusinallo, Piemonte)*. Alles für die gehobene Tischkultur. Die weltweit begehrten Designerprodukte für den zeitgeistigen Haushalt gibt es hier 50 Prozent unter den regulären Ladenpreisen.

Bevor Sie sich auf „Schnäppchen"-Tour begeben, noch acht goldene Shopping-Regeln, die Sie – im Ausland und daheim – beachten sollten.

Richtiges Shopping: So funktioniert es

1. Den Dreiercheck machen. Bevor Sie eine Kaufentscheidung, welcher Art auch immer, fällen, checken Sie die drei wichtigsten Aspekte für einen guten Kauf: die Qualität, die Tragbarkeit, den Preis. Wenn alles stimmt – sofort kaufen. Etwas Besseres kommt selten nach. Wenn ein Aspekt nicht stimmt – vergessen. Sie ärgern sich später nur.

2. Den einsamen Weg wählen. Wenn Sie nicht nur bummeln, sondern zielgerichtet einkaufen wollen, tun Sie's allein. Männer jeglicher Nahverhältnisse, Kinder und auch die beste Freundin sind bei echter, verbissener Shopping-Arbeit absolut hinderlich. Beratung durch andere brauchen Sie keine – Sie wissen, auch wenn Sie's nicht glauben wollen, immer noch selbst am besten, was Ihnen steht.

3. Strategisch vorgehen. Bevor Sie losziehen, sollten Sie in etwa festlegen: Was will ich. Und diese Vorstellung auch ungefähr beibehalten. Bleiben Sie allerdings offen für neue Einflüsse: Wenn Sie einen taubengrauen Hosenanzug mit Bindegürtel, Stulpen an den Hosenbeinen und rechts oben einer Brusttasche möchten, gehen Sie zum Maßschneider und lassen Sie ihn anfertigen. Sie ersparen sich leere Kilometer. Wenn Sie einen grauen Hosenanzug möchten, der einfach toll aussehen soll, ziehen Sie los. Sie werden ihn finden.

4. Ruhigen Gewissens tricksen. Stimmt, sollte man natürlich nicht. Jede einigermaßen vernünftige Klassefrau tut's trotzdem, indem sie die Preisschilder der im Ausland erstandenen Ware ausnahmslos entfernt und die Dinge im Koffer zwischen bereits Getragenes legt. Sentimentale Andenken wie Tragetaschen mit der Firmenanschrift, wo Sie das tolle Ralph-Lauren-Sakko erstanden haben, lassen Sie im Hotelzimmer zurück. Zöllner haben für so etwas ein feines Gespür . . .

5. Vergleichen. Sie sollten, bevor Sie sich im Ausland ein Designerstück leisten, einen ungefähren Begriff davon haben, was das Teil bei Ihnen zu Hause kostet. Amerikanische Designerware ist wirklich nur in Amerika billig zu erstehen, da sie in Europa importiert wurde und in Paris ungefähr gleich teuer wie in Wien oder Hamburg ist. Umgekehrt verhält es sich genauso: Wer in New York einen Anzug von Versace kauft, kann sicher sein, daß er ihn in Mailand, Gelsenkirchen oder Innsbruck billiger bekommen hätte.

6. Kontrollieren. Egal, ob Sie günstig oder teuer einkaufen. Kontrollieren Sie die Qualität der Waren, und zwar nach folgendem Schema: Zuerst die Verschlüsse anschauen – halten die Knöpfe, ist der Zippverschluß so eingenäht, daß er nicht beim ersten Windhauch das Zeitliche segnet? Besonders tückisch: Ösen in Lederbekleidung (bei günstigen Ledersachen lösen sich die Verschlußösen erstaunlich schnell – also vorher checken). Dann einen Blick auf das Putzerei-Etikett werfen: T-Shirts, die in die Reinigung müssen (und es gibt einige Designer, die solche Absurditäten erzeugen), sind nicht das Gelbe vom Ei. Auch die Verarbeitung der Säume beachten: Selbst Nobeldesigner wie Dolce & Gabbana neigen dazu, ihre Kollektionen derartig schleißig zu verarbeiten, daß die bedauernswerte Trägerin schon durch die Loslösung eines Fadens zur unfreiwilligen Stadtflitzerin wird.

7. Bei Laune bleiben. Es ist ein Trugschluß, daß Shopping-Abenteuer schlechte Laune beheben. Meist geben Sie bei solchen Trips zur Hebung des Gemütszustandes nur abenteuerliche Summen aus, für Dinge, die Sie wahrscheinlich niemals anziehen werden. Es ist psychologisch erwiesen, daß schlechte Laune beim Einkauf den Sinn für die Realität trübt. Das kanarienvogelgelbe Kostüm, an einem Frusttag in der teuren Designerboutique erstanden, wünschen Sie spätestens, wenn Sie es daheim vor dem Spiegel noch einmal probieren, ins Land, wo der Pfeffer wächst.

8. Die Verkäuferin loben. Ein altbewährter Trick, um an die besten Stücke der Boutique zu kommen. Verkäuferinnen, auch wenn sie mißmutig dreinschauen sollten, sind für kleine Komplimente sehr empfänglich. Sagen Sie etwas in der Art von: „Genau so eine Jacke, wie Sie anhaben, wäre mein Traum." Sie wird dreifach bemüht sein, Sie zufriedenzustellen, und Ihnen obendrein noch die Insideradresse verraten, wo sie die Jacke gekauft hat (wahrscheinlich nicht in der eigenen Boutique – Verkäuferinnen kaufen merkwürdigerweise immer woanders ein).

Klassefrauen und Karriere

Die goldenen Tricks für den Aufstieg

Bei Frauen muß alles ein bißchen schneller gehen: Die beruflichen Weichen sogenannter „Karrierefrauen" müssen im Alter von spätestens dreißig Jahren gestellt sein – nachher ist der Zug für die „große" Karriere (die natürlich völlig subjektiv ist) abgefahren. „Die Suche nach dem idealen Job ist wie die Suche nach dem Partner fürs Leben", sagt die Karriereberaterin Elke Schumacher aus Gütersloh, „während der Suche gibt es viele Enttäuschungen – aber irgendwann klappt es dann doch immer."
Irgendwann ist für Sie indiskutabel und außerdem zu lange. Jetzt soll es klappen.
Wenn Sie den Chefsessel anpeilen, dann müssen Sie hier und jetzt mit der richtigen Strategie beginnen, um ihn auch wirklich zu bekommen. Doch nur wer die Grundvoraussetzungen des Aufstiegs kennt, kann seine Laufbahn von Anfang an richtig planen.
Hier sind die wichtigsten Regeln – zusammengestellt von einem Team aus Karriere- und Berufsberatern, die auch die aktuelle Arbeitsmarktsituation berücksichtigt haben.

Die Grundvoraussetzungen für die Karriere

Mobilität. Umfragen bei Industrieunternehmen haben ergeben, daß sieben von zehn Bewerberinnen um einen Führungsjob nicht mehr in der Lage sind, ein bis zwei Jahre

Auslandsaufenthalt einzulegen (z. B. durch Partnerschaften, familiäre Bindungen etc.). Ergo: Wenn Sie nach oben wollen, liegt Ihre Chance in der Mobilität. Wer flexibel ist, kommt schneller voran.

Die richtige Firma. Statistisch belegt: In Firmen mit niedrigeren Umsätzen haben Frauen größere Chancen auf Führungspositionen als in Mammutkonzernen. Ideal für den Aufstieg sind Mittelklasse-Unternehmen, die nicht zu streng hierarchisch strukturiert sind.
Vorsicht bei Firmen, in denen ausschließlich Männer das Sagen haben: Dort ändern vermutlich auch Sie nicht das System.

Die richtige Gehaltsvorstellung. Bei einem Karrieresprung können Sie von rund 15 Prozent an künftigen „Mehreinnahmen" ausgehen. Fangen Sie trotzdem bei der Gehaltsbesprechung etwas höher zu pokern an. Aber nicht zu hoch, das wirkt unglaubwürdig. Selbstverständlich sollten Sie über Ihren tatsächlichen „Wert" schon vor der Besprechung genauestens informiert sein. Personalchefs merken auf der Stelle, wenn ihnen jemand Ahnungsloser gegenübersitzt. Und Sie haben bereits verloren.

Die richtigen Beziehungen. Das vielgerühmte „Vitamin B" nützt nicht nur Ihrer Gesundheit, sondern auch der Karriere. Die Statistik beweist es: 60 Prozent aller Topjobs werden „unter der Hand" vermittelt. Das heißt, sie sind eigentlich schon vergeben, bevor sie öffentlich ausgeschrieben werden. Also: Wenn Sie einen neuen Job suchen, egal ob in Ihrer oder in einer anderen Firma, sprechen Sie direkt die richtigen Leute an. Stellenanzeigen aufzugeben, bringt nichts.

Durchsetzungskraft. Sie war immer wichtig für die Karriere, in Zeiten wie diesen ist Durchsetzungskraft unentbehrlich. Der banale, aber triftige Grund: Je mehr Frauen in Führungspositionen vertreten sind, desto bissiger reagieren die Männer darauf (jawohl, auch wenn sie's alle immer wieder abstreiten). Versuchen Sie trotzdem nicht, den rauhen männlichen Umgangston zu kopieren. Karriereberaterinnen raten, statt dessen lieber leise, aber sehr bestimmt zu sprechen. Hören Sie etwa sofort zu reden auf, wenn zwei Männer im Raum zu tuscheln beginnen (Zeichen von: Wir haben es nicht nötig, der zuzuhören.). Schauen Sie die Störenfriede direkt an, referieren Sie erst dann weiter, wenn wieder Ruhe ist. Das machen Sie zweimal – dann haben Sie den Saal oder das Besprechungszimmer im Griff. Sehr hilfreich sind Seminare, bei denen Sie lernen, Ihre Durchsetzungskraft zu trainieren und richtig einzusetzen.

Schneller sein als die anderen. Große Konzerne schicken ihre Personalbeauftragten häufig an die Ausbildungsstätten, damit sie die guten Leute dort rechtzeitig abpassen. Auskunft darüber, wer wo präsent ist, geben Ihnen die Arbeitgeberverbände. Großer Fehler: Wenn Sie mit der ersten Bewerbung bis nach dem Abschluß warten. Dann waren die anderen schon schneller als Sie.

Studium. Der Anteil der examinierten Managerinnen mit einem Jahresgehalt von über 150.000 DM liegt derzeit (in Deutschland) bci 55 Prozent, nimmt aber langsam ab. Fazit: Wichtiger als jahrelanges Pauken an einer Uni (ohne Praxiserfahrung) nehmen viele Personalchefs eine abgeschlossene Lehre, fachliche Fortbildung, erfolgreiche Berufstätigkeit und ein bißchen akademische Erfahrung in einer bestimmten Studienrichtung.

Networks bilden. Sehr hilfreich beim Aufstieg: Die Mitgliedschaft in einem Verband, der die Frauenförderung zur Aufgabe hat. Sowohl in Deutschland als auch in Österreich gibt es eigene Vereine für Busineßfrauen, die einen regelmäßigen

Austausch über alle wichtigen Jobstrategien pflegen, Vorträge und Seminare anbieten usw. Männern dienen ähnliche Verbände seit Jahrzehnten als „Karriereleiter", da dort die wichtigen Kontakte geknüpft werden und man Leute kennenlernt, die schon weiter gekommen sind als man selbst.

Zwei Jahre durchhalten. Frauen halten im allgemeinen länger an einem Job fest als Männer, da sie meist die Parallele zwischen „festem Job" und „Sicherheit" ziehen. Das ist dem Aufstieg oft hinderlich, weil dem manchmal dringend nötigen Jobwechsel die weibliche Mentalität im Wege steht. Als Faustregel für „Jobhopper" gilt trotzdem: Halten Sie in jedem Job mindestens zwei Jahre durch, bevor Sie kündigen. Wer in kürzerem Rhythmus wechselt, gibt sich selbst ein unzuverlässiges Image und wird es immer schwerer haben unterzukommen.

Wie Sie durch Selbstmanagement Ihr persönliches Karriereziel erreichen

Der erste Schritt zum Erfolg ist dann getan, wenn Sie wissen, was Sie eigentlich wollen. Und wenn Sie eine deutliche Vision Ihres persönlichen Erfolges vor Augen haben.
Wenn Sie Ihr Ziel kennen, sollten Sie eine von Karriereberatern empfohlene und einfache, aber wirkungsvolle Methode, um in die Zielgerade zu gelangen, anwenden: Selbstmanagement.
Was Sie dazu brauchen: ein großes Blatt Papier, einen Bleistift und ein oder zwei Stunden Ruhe.
So funktioniert es: Schreiben Sie Ihr Ziel auf das Papier, direkt in die Mitte. Zum Beispiel „Viel Geld verdienen" oder „Selbständigkeit" oder auch „Zeit für mich selbst" (durchaus legitim!). Kreisen Sie es dann rot ein. Rings um den Kreis herum schreiben Sie jetzt Ihre Überlegungen auf, wie Sie Ihr Ziel erreichen könnten. Auf die linke Seite

schreiben Sie zum Beispiel die kleinen notwendigen Zwischenschritte, wie etwa: „Für die Abteilungsleitung bewerben" oder „Flexible Arbeitszeiten beantragen". Auf die rechte Seite kommt ein Zeitplan, wann Sie welche Zwischenschritte erledigen wollen.

Jetzt fassen Sie schriftlich zusammen, welche Konsequenzen die Durchsetzung dieses Zieles auf Ihr Leben haben wird. Zum Beispiel: Wenn Sie den Job der Abteilungsleiterin möchten, müssen Sie sich künftig mit Ihren Vorgesetzten mehr auseinandersetzen als bisher. Sie müssen mehr Verantwortung übernehmen, mehr Energie investieren, mehr Freizeit opfern usw. Vor Ihren Augen entsteht auf diese Weise ein klares Bild, wie Sie Ihr Ziel erreichen können. Und Sie können auch relativ deutlich einschätzen, welche Anstrengungen Sie das kosten wird.

Wichtig ist, daß Sie beim Aufschreiben der einzelnen Punkte ehrlich in sich hineinhorchen. Ist das, was Sie anstreben, wirklich das, was Sie wollen? Sind Sie mit den Konsequenzen einverstanden? Überfordern Sie sich möglicherweise durch zu starken Zeitdruck? Auf dem richtigen Weg sind Sie dann, wenn nicht nur Ihr Verstand, sondern auch Ihr Herz zu hundert Prozent dabei ist.

Betriebspsychologen raten, den gezeichneten Selbstmanagementplan gut sichtbar in der Wohnung aufzuhängen, und zwar so, daß Sie jederzeit kontrollieren können, ob sich zwischenzeitlich in Ihrer Zielsetzung oder Durchführung etwas geändert hat. Wie Ihr Ziel auch immer aussieht, die Methode des Selbstmanagement eignet sich für alle. Versuchen Sie es einmal.

Stellen Sie fest, welcher Karrieretyp Sie sind

Wenn Sie nicht sicher sind, inwieweit Sie eine berufliche Karriere überhaupt verfolgen wollen, hilft Ihnen die folgende Typologie. In einem der fünf vorgestellten Typen:

1. die Balancefrau,
2. die echte Karrierefrau,
3. die relaxte Berufstätige,
4. die „Dollars-in-den-Augen"-Frau,
5. die Familienmanagerin,

werden Sie sich sicher wiederfinden. Jede Kategorie ist mit einer Ziel-Definition versehen und mit Tips, die bei der Verwirklichung hilfreich sind.

Die Balancefrau. Ihr Ziel ist ein äußerst legitimes: Sie wollen einen Job, der Ihnen wirklich Spaß macht, und trotzdem nicht auf ein glückliches Familienleben verzichten. Über 80 Prozent aller unter 30jährigen Frauen in Deutschland (in Österreich ist die Zahl nahezu identisch) geben bei Umfragen an, daß sie Familie und Berufstätigkeit in irgendeiner Weise vereinbaren wollen. Wenn Sie dazugehören, sollten Sie der Wahrheit ins Auge sehen – und die sieht so aus:

1. Sie brauchen einen Job, der Ihnen Spielraum läßt.
2. Sie brauchen eine optimale individuelle Betreuung für die Kinder.
3. Sie brauchen ein soziales Netz, das Sie absichert, wenn das Kind krank wird, das Kindermädchen vor Heimweh eine telefonische Standleitung nach New York legt (und dabei völlig auf die Kinder vergißt), der Kindergarten Ferien macht.
4. Sie brauchen wenn schon nicht eiserne, dann zumindest gute Nerven.
5. Sie dürfen sich von wohlmeinenden Besserwissern kein schlechtes Gewissen einreden lassen. Die glücklichsten Frauen sind erwiesenermaßen diejenigen, die neben der Familie einen Beruf haben, der sie ausfüllt (wohlgemerkt: nicht überfordert).

Tip: Wenn Sie noch keine Kinder haben, dann prüfen Sie, ob der Zeitpunkt für den Kinderwunsch gut gewählt ist. Oder ob es besser wäre, noch einen Karrieresprung abzuwarten, um dann später aus einer stärkeren Position heraus verhandeln zu können. Oder umgekehrt: Checken Sie unbedingt, bevor Sie sich für ein Kind entscheiden, ob Sie die nächsten Jahre dazu bereit sind, beruflich nicht wie bisher 150, sondern eventuell nur 80 Prozent zu geben.

Die echte Karrierefrau. Ihr Ziel ist klar gesteckt: Sie wollen eine Top-Position erreichen. Familiengründung ist im Moment kein Thema für Sie, und wenn doch, dann sind Sie sicher, daß Sie beides schaffen. Sie denken immer positiv, neigen aber oft dazu, Unangenehmes zu verdrängen.

Tip: Wenn Sie Selbstbestätigung vor allem im Beruf suchen, kann Sie ohnehin kein Mensch bremsen. Sie werden Ihren Weg machen, sollten aber – bevor Sie ernsthaft loslegen – folgende persönliche Punkte checken: Reicht Ihre Ausbildung für Ihre Ambitionen? Haben Sie genug Selbstvertrauen und Durchsetzungskraft, um als Führungsfrau zu bestehen (Sie wissen doch: je weiter oben, desto dünner die Luft)? Arbeiten Sie in einem Unternehmen, das Frauen den Aufstieg ermöglicht? Wenn nicht, sofort die Firma wechseln. Sie vergeuden sonst wertvolle Zeit.

Ganz wichtig: Warten Sie nie darauf, entdeckt zu werden. Sorgen Sie lieber dafür, daß Ihre Bereitschaft zum Einsatz bei Ihren Vorgesetzten bekannt wird. Und zeigen Sie, daß Sie mehr können, als man von Ihnen erwartet.

Die relaxte Berufstätige. Ihr Ziel ist dem der toughen Karrieredenkerin ziemlich diametral entgegengesetzt: Sie wollen (oder müssen) zwar berufstätig sein, wichtiger als der Job ist Ihnen aber Ihre persönliche Zeit. Geld? Hat man oder hat man nicht. Viel zu haben und zu halten, lohnt die damit verbundene Anstrengung nicht.

Tip: Suchen Sie sich gezielt eine Firma, die Ihre Wünsche nach flexibler Arbeitszeit bzw. mehr Freizeit ernst nimmt und berücksichtigt. Machen Sie Ihren Vorgesetzten trotzdem deutlich klar, daß auch die Firma von Ihrer Flexibilität profitiert: Es ist bekannt, daß Teilzeitkräfte weniger Ausfallzeiten haben und mehr Leistung und Engagement einbringen. Wichtig ist, daß Sie überzeugt auftreten, etwa nach dem Motto: Das Leben an sich ist mir wichtiger als die Arbeit. Sie geben sich vor typischen Karrierist(inn)en damit keine Blöße, ganz im Gegenteil: In Zeiten, in denen individuelle Lebensmuster immer mehr zur Norm werden, imponieren Sie ihnen sogar.

Die „Dollars-in-den-Augen"-Frau. Ihr Ziel gilt gemeinhin als unweiblich, ist in Wirklichkeit aber genauso hehr wie jedes andere: Sie wollen Geld verdienen, und zwar möglichst viel.

Tip: Wenn Sie sich dazu bekennen, haben Sie schon den ersten Schritt in die gewünschte Richtung getan. Gehen Sie strategisch vor, führen Sie mehrere Bewerbungsgespräche parallel (damit Sie die Marktlage und Ihren Marktwert austesten können). Wenn Sie auf das große Geld setzen, müssen Sie Mut zum Risiko beweisen: Lieber bei einer unbekannten Firma mit einem Topgehalt anheuern, als sich in einem renommierten Unternehmen erst hochdienen müssen. Zusätzlich sollten Sie überlegen, ob Sie statt der Firma Ihres Chefs nicht lieber Ihre eigene reich machen wollen. Sie wären der Typ, der das könnte.

Die Familienmanagerin. Ihr Ziel: zu Hause bleiben, Mutter und Hausfrau sein, das Leben mit den Kindern genießen.

Tip: Wenn Sie als ehemals erfolgreiche oder zumindest zufriedene Berufstätige in die Mutterrolle wechseln, dürfen Sie sich in Ihrem „neuen Job" nicht verlieren. Funktionieren Sie die klassische Hausfrauenrolle zur strategischen Managementaufgabe um. Setzen Sie sich zu Hause Ziele, z. B. den Haushalt so in den Griff zu bekommen, daß Ihnen mehr Zeit für sich selbst bleibt. Ganz wichtig: Sorgen Sie für erwachsene Gesprächspartner, damit Sie geistig fit bleiben. Und planen Sie für die Zeit vor, wenn die Kinder nicht

mehr Ihre gesammelte Aufmerksamkeit brauchen. Sie sollten sich von Zeit zu Zeit die Frage stellen, ob Ihr Leben
immer noch so ist, daß Sie mit niemandem tauschen
möchten.

Die „Best-of"-Listen der täglichen Tricks im Busineß

Keine Frage: In erster Linie zählt Ihr Können. Der beste
Trick wird zum Flop, wenn Sie sich selbst als Trickserin
enttarnen. So unklug sind Sie aber ohnehin nicht.
Damit wiederum die anderen Sie nicht austricksen (und
die sind meist weniger lammfromm, als Sie vielleicht denken), sollten Sie alle Tricks, Kniffe und kleinen Bluffs kennen, die im Spiel um Macht, Geld und Erfolg täglich im
Rennen sind.
Beginnen wir mit dem richtigen Auftreten im Büro – das ist
von entscheidender Bedeutung, da Sie, bevor Sie Ihr Können unter Beweis stellen, ja zuallererst einmal oberflächlich beurteilt werden.

Der optimale Auftritt im Büro

1. Ihr Gang. Schleichen Sie nicht in einen Raum, sondern
betreten Sie ihn mit einer gewissen Dynamik. Und halten
Sie die Schultern gerade – ein leicht geneigter Oberkörper
signalisiert immer eine gewisse Unterwürfigkeit.

2. Ihre Kopfhaltung. Kopf während eines Gespräches gerade-
halten oder allenfalls nach links neigen. Verhaltensforscher
haben herausgefunden, daß ein nach rechts geneigter Kopf
während eines Gespräches dem Gegenüber Unentschlos-
senheit signalisiert.

3. Die Augen. Kleiner, gemeiner Trick, wenn Sie Ihr Gegenüber, aus welchem Grund auch immer, ein bißchen verunsichern wollen (kann ganz amüsant sein): Fixieren Sie einen Punkt zwischen seinen Augen. Das macht selbst Stoiker leicht nervös.

4. Die Hände. Heftiges Herumfuchteln wirkt unbeholfen und läßt Sie fahrig und unorganisiert erscheinen. Unterstreichen Sie Ihre Aussagen durch lebhafte, aber einfache Gestik – also die Hände etwa nur bis zur Brusthöhe anheben, nicht vor dem Gesicht herumrudern.

5. Der Mund. Wer stets ein leichtes Grinsen aufsetzt, wirkt keinesfalls extrem freundlich, sondern eher unbeholfen. Also: Signalisieren Sie positive Stimmung, indem Sie die Mundwinkel leicht anheben, aber nicht zum starren Lächeln einfrieren. Die anderen sollen ruhig wissen, daß sie bei Ihnen nichts zu lachen haben.

Das optimale Outfit im Büro

Rocklänge: Kurz oder lang? Super-Minis können zur Karrierefalle werden: Zwar wird man möglicherweise Ihre beachtlichen Beine honorieren, seriöser wirken Sie aber im Mini, der eine Handbreit über dem Knie endet. Und Ihre Beine kommen trotzdem ideal zur Geltung.

Absatzhöhe: Wie hoch darf man hinaus? Halbhoch, also zwischen drei und sechs Zentimeter, ist optimal. Plateauschuhe dürfen ruhig auch ganz hoch sein, weil sie im allgemeinen als völlig unerotisch empfunden werden (von Männern zumindest).

Frisur: Haare zusammengebunden oder offen? Männer sind in gewisser Hinsicht im Stadium der Neandertaler verblieben, deshalb signalisieren ihnen lange, offene Haare bei einer Frau deren innere Bereitschaft auf ein Abenteuer. Zurückgebundene Haare drücken dagegen Selbstbewußtsein aus. Die beste Frisur, um die Karrierefrau in Ihnen nach außen zu kehren: halblange, geradegeschnittene Haare, die auch dann gut fallen, wenn Sie sie hinter die Ohren streichen (was einen Schuß legitime Erotik ins Spiel bringt).

Dekolleté: Wie tief ist zu tief? Wenn Sie Kundengespräche führen müssen: Zu tief macht einen billigen Eindruck, was den Kunden unbewußt Rückschlüsse auf die Firma ziehen läßt. Im normalen Büroalltag darf ein bißchen Einblick schon sein. Man muß nicht alles so streng sehen.

Fingernägel: Krallen oder nicht? Lange, rot lackierte Nägel wirken eher weibchenhaft als weiblich. Ideal, um auch mittels der Hände Kompetenz zu signalisieren: Farbiger Lack wirkt besser auf halblangen Nägeln, auf kurzen Nägeln sieht die sogenannte „French Manicure" am besten aus. Dabei wird der Nagelrand weiß nachgezogen, der Nagel wird farblos oder in einem Hautton lackiert. Wirkt seriös und trotzdem sehr anziehend.

Parfums: Welches paßt immer? Die wichtigste Duftregel fürs Busineß: Niemals schwere Parfums benutzen. Abzuraten ist von typischen Abenddüften wie „Obsession" (Calvin Klein), „Must de Cartier" oder „Le Bain" (Joop). Besser, weil frischer und unaufdringlicher: die Düfte von Jil Sander (alle mit einer kleinen herben Note versehen), „Eternity" (Calvin Klein) oder „Cristalle" (Chanel). Sparsam verwenden, sonst kommt es in Ihrem Umfeld zur Klimakatastrophe.

Edelaccessoires: Nötig oder nicht? Eindeutig nötig, weil Sie damit Stilbewußtsein und Sinn für Werte signalisieren.

Ganz wichtig sind edle, also feinmaschige Strümpfe, denn selbst ein Designerkostüm wirkt nur halb so gut, wenn Sie dazu Billigstrumpfhosen aus dem Supermarkt kombinieren. Achten Sie darauf, daß Ihre Uhr, Ihre Schuhe, Ihr Gürtel und Ihre Tasche von erlesener Qualität sind. Dann können Sie auch Jeans und T-Shirts dazu tragen.

Das optimale Doping fürs Büro

1. Sushi essen. Das japanische Fischgericht ist extrem leicht verdaulich, versorgt den Körper mit Spurenelementen und macht geistig für die nächsten Stunden wieder fit.

2. Vitamintabletten. Für das selbstgeschrotete Müsli fehlt Ihnen vermutlich die Zeit – täglich eine Vitamintablette tut auch gut.

3. Schokoriegel. Enthält Endorphine, das sind stimmungshebende Stoffe. Steigert schnell die Konzentration, da das Blut mit Zucker versorgt wird. Ein kleiner pro Tag reicht (bei Figurproblemen: Diätriegel probieren).

4. Aspirin-Tablette. Viele Manager schwören darauf, täglich eine halbe zu schlucken. Besser, weil gesünder: Täglich ein Glas Aspirin-C-Brause trinken. Fördert ebenfalls die Konzentration und stärkt das Immunsystem.

5. Baldrian oder Nerventee. Die Klassiker gegen schlechte Nerven. Wirken sanft, aber zuverlässig, wenn sonst nichts mehr hilft. Weniger gut ist die Einnahme vor aller Augen. Nicht jeder muß wissen, daß Sie's nötig haben.

Die besten Strategien, um den Chef für sich einzunehmen

Sie brauchen ihn weder mit Liebesbezeugungen zu beglücken, noch sollten Sie ihn heiraten. Aber Sie sollten ihn mit kleinen Kniffen einzuwickeln verstehen und sich solcherart auf den Olymp seiner Sympathieträger katapultieren.

1. Kommen Sie nie „nur" mit Problemen zu ihm, sondern immer auch mit einem Lösungsvorschlag.

2. Lachen Sie über seine Witze, aber nicht zu laut und zu auffällig. Gerne mag er es, wenn Sie ihm Stichworte geben, damit er seine Lieblingsanekdoten in epischer Breite immer und immer wiederholen kann.

3. Sprechen Sie ihn niemals auf Betriebsfesten auf Ihre Karriereambitionen oder beruflichen Probleme an. Führungskräfte hassen so etwas.

4. Geben Sie ihm ab und zu das Gefühl, daß einer Ihrer Vorschläge im Grunde seine Idee war. Dann freut er sich besonders.

5. Finden Sie seine Hobbys heraus, und deuten Sie ihm an, daß Sie etwas davon verstehen. Er wird Sie als Seelenverwandte akzeptieren.

Die besten Intrigen-Abwehr-Methoden

Derzeit läuft die klassische Intrige unter der Modebezeichnung „Mobbing" (es gibt sogar schon eigene Mobbing-Ärzte, die den bedauernswerten aus der Firma „Gemobbten" ihren psychologischen Beistand anbieten). Wenn sich et-

was gegen Sie zusammenbraut, müssen Sie Gegenmaßnahmen einleiten. Um diese wirkungsvoll einzusetzen, müssen Sie aber zuerst wissen, wie die klassischen Intrigen gestrickt sind.
Folgende Intrigen sind zu unterscheiden:

1. Die direkte Methode: Kollege A hetzt Kollegen B gegen Sie auf.

2. Die Lindenblattmethode: Siegfried war nur an einer einzigen Stelle verwundbar. Kollege A hat diese spezielle Stelle bei Ihnen gefunden – und spielt sie geschickt aus.

3. Die Judasmethode: Kollege A schmeichelt sich bei Ihnen ein, Sie erzählen ihm arglos Ihre privaten oder beruflichen Probleme. Kollege A geht daraufhin zum Chef und schadet Ihnen nach dem folgenden Motto: „Die arme Kollegin kann einem mit ihren Scheidungsproblemen wirklich leid tun . . ."

4. Das Komplott: Ein Kollege versammelt Gefolgsleute um sich, um gegen Sie Stimmung zu machen.

5. Die Stille-Post-Methode: Ihre Aussagen werden aus dem Zusammenhang gerissen, verdreht und bruchstückhaft an Vorgesetzte weitergeleitet, damit der Eindruck entsteht, Sie seien inkompetent.

Die Gegenmaßnahmen

Wenn Sie merken, daß gegen Sie intrigiert wird, fragen Sie sich zuallererst: Wem nützt es, wenn ich Schiffbruch erleide? Der Intrigant läßt sich solcherart relativ leicht ausforschen. Wenn Sie ihn haben, stellen Sie ihn unter vier Augen zur Rede. Machen Sie ihm unmißverständlich klar, daß er ein Problem bekommt, wenn er a) noch einmal schlecht über

Sie redet, b) andere Kollegen gegen Sie aufhetzt, c) Ihnen das Wort im Mund umdreht und dem Chef Unsinn über Sie erzählt.

Das wirkt in den meisten Fällen hundertprozentig.

Wenn nicht, nützt nur noch eines: Selbst auch intrigieren. Methoden siehe oben.

Die besten Beeindruckungs-Maßnahmen

Gute Bildung ist immer noch die beste Basis, um andere zu beeindrucken. Trotzdem: Nicht jeder, der im Gespräch gekonnt ein Goethe-Zitat einstreut, hat den „Faust" auch gelesen.

Ergo: Bildungslücken schließen Sie, wenn Sie ein paar simple Bluffs beherrschen (machen die anderen auch nicht anders!).

Das sind die wichtigsten zehn Bücher, deren Klappentext Sie kennen müssen, um mit gekonnten Statements jede Unterhaltung zu bereichern:

1. *„Hundert Jahre Einsamkeit"* von Gabriel Garcia Marquez,
2. *„Faust I"* von Goethe,
3. *„Eine kurze Geschichte der Zeit"* von Stephen Hawking,
4. *„Siddharta"* von Hermann Hesse,
5. *„Der Zauberberg"* von Thomas Mann,
6. *„Das Foucaultsche Pendel"* von Umberto Eco,
7. *„Das Geisterhaus"* von Isabel Allende,
8. *„Lust"* von Elfriede Jelinek,
9. *„Der Popcorn-Report"* von Faith Popcorn,
10. *„Megatrends Frauen"* von John Naisbitt und Patricia Aburdene.

Ausgesprochen imagefördernd ist es auch, wenn Sie die Konversation mit englischen Fachbegriffen würzen. Streuen Sie in das Gespräch z. B. folgende Busineßbegriffe ein (sparsam):

1. *Ultra-Consumer:* Der Ultra-Consumer ist das Gegenteil vom Konformisten, also jemand, der Wert auf Individualität und Exklusivität legt.

2. *Overnewst:* überinformiert.

3. *Focussing:* Konzentration auf das Wesentliche, den Kern eines Problems.

4. *Fuzzy logic:* weiche Logik. Das Ende der PC-ja-nein-Stupidität.

5. *Coaching yourself:* Selbstmanagement.

6. *Cash cow:* viel erwirtschaftet, wenig investiert.

7. *Street Credibility:* Wenn der durchschnittliche Konsument glaubt, was die Werbung ihm verspricht.

8. *Flow:* ultimativer Glückszustand.

9. *Cocooning:* zurückziehen, sich einigeln in der Privatsphäre.

10. *Ranking:* Reihung, Klassifizierung.

Die besten Anti-Tränen-Techniken

Gar nicht so unwichtig, wie Sie denken. Vor den anderen loszuheulen, ist erleichternd, wirkt aber leider immens unprofessionell. Folgende Geheimrezepte stellen Ihr inneres Gleichgewicht schnell wieder her:

1. Isometrische Übung: Spannen Sie einfach die Po-Muskeln fest an – das lenkt die Tränendrüsen ab.

2. Verzögerungstechnik: Zählen Sie langsam stumm bis zehn.

3. Neutralisierungstechnik: Stellen Sie sich Ihren Chef oder Ihr Gegenüber nackt vor, nur mit Lorbeerkranz. Wirkt augenblicklich erheiternd.

Wie Sie die Tricks der Männer durchschauen

„Frauen sind die besseren Manager."
Ganz ehrlich: Haben Sie diese Aussage nicht auch mit großem Wohlwollen registriert? Haben Sie nicht ebenfalls innerlich zustimmend genickt, als diese Schlagzeilen vor ein paar Jahren in der Wirtschaftspresse auftauchten? Inzwischen gehört der vielzitierte weibliche Führungsstil zu den beliebtesten Themen von Managementseminaren und Symposien. „Frauen im Management" lautet eine der wichtigsten „Megatrends-2000"-Thesen der berühmten amerikanischen Trendforscher John Naisbitt und Patricia Aburdene.

Jahrzehntelang galt das Topmanagement als reine Männerdomäne, in das sich nur alle heiligen Zeiten einmal ein exotisches Tier der Gattung Weib verirrte. Das wurde dann von den knallharten Bossen als Aushängeschild des firmeninternen Streichelzoos ein wenig gehätschelt (seht her, wir leisten uns einen echten Exoten), im Grunde aber mit einer Mischung aus Angst (wer weiß, was der einfällt) und Verachtung (die hat vermutlich keinen abgekriegt) bedacht. Ein Manager mit prallem Terminkalender und mickrigem Gefühlsleben (das sich bevorzugt in Magengeschwüren verdichtete) hatte stets die Aura der erotischen Faszination – während die wenigen Führungsfrauen damit rechnen durften, als reizlose Mannweiber kategorisiert zu werden. Um in den nach männlichen Spielregeln funktionierenden Hierarchien nach oben zu kommen, mußten Frauen lange Zeit alle weiblichen Verhaltensweisen stark reduzieren. Sie kopierten die Männer, schlüpften ins Nadelstreifkostüm und warfen sich herzhaft in das Gerangel um Sieg, Status und Profit.

Allein diese Einstellung hielt viele hoffnungsvolle Nachwuchsmanagerinnen von der angepeilten Karriere ab: Sie wollten weder die Fehler der Männer machen, noch konnten ihnen bitterernste Pionierinnen ein Vorbild sein, die notgedrungen tatsächlich dem Klischee der harten, privat frustrierten Karrierefrau entsprachen.

Und jetzt plötzlich sind im Management Fähigkeiten gefragt, die traditionell als typisch weiblich gelten? Darüber könnte man sich herzhaft freuen und denken: Wurde aber auch Zeit. Die Welt ist scheinbar doch noch zu retten. Man könnte sich aber auch so seine Gedanken machen, warum nun alles, was vor zehn Jahren noch als Zeichen allgemeiner weiblicher Unfähigkeit angesehen wurde, als neue, gefeierte Managementfähigkeit gilt. Aus einstigen Schwächen sind – Simsalabim – plötzlich Stärken geworden. Denn genau die Eigenschaften, die man früher als Argumente gegen Frauen in Spitzenpositionen ins Spiel brachte, sollen sie heute dafür qualifizieren.

Die folgenden derzeit gerne propagierten Thesen machen das deutlich. Sie besagen:

Frauen haben die bessere Kommunikationsfähigkeit. Klingt plausibel, wenngleich so viel Nettigkeit verblüfft. Früher hieß es nämlich: „Frauen quatschen und reden ewig herum ..."

Frauen haben eine bessere Intuition als Männer. Das stimmt in den meisten Fällen. Nur: Früher wäre niemand auf die Idee gekommen, darin einen geschäftlichen Vorteil zu sehen. Vielmehr warf man den Frauen vor, sie seien unlogisch und ließen sich bei Entscheidungen zu sehr von Gefühlen leiten.

Frauen haben Teamgeist und binden ihre Mitarbeiter besser in die Firma ein. Das war schon immer so. Eine kürzlich durchgeführte Umfrage in deutschen Wirtschaftsunternehmen ergab, daß 81 Prozent der Personalchefs der Ansicht sind, die Qualität von Teamarbeit steigt erheblich an, wenn Frauen mitwirken. Früher hieß es einfach: „Frauen sind gut für das Betriebsklima."

Wer wird schon protestieren, wenn man ihm Gutes nachsagt? Wer praktisch aus heiterem Himmel eine Wagenladung Komplimente bekommt, darf sich freuen, muß aber auch doppelt wachsam sein. Denn die Frage drängt sich auf, warum denn die sogenannten „Soft skills" im Management, warum der weichere, weibliche Führungsstil derzeit so im Trend liegt.

Wem nützt dieser Stil denn in erster Linie? Bingo! Jenen mit den Magengeschwüren, die ihn jahrzehntelang belächelt haben.

Er nützt ihnen deshalb, weil derzeit drei Entwicklungen zusammentreffen:

1. Der Mangel an qualifiziertem Personal. Wie immer entdeckt man die weiblichen Ressourcen dann, wenn es an männlichen Arbeitskräften fehlt. Zum ersten Mal entdeckt man die Frauen auch gezielt für Top-Positionen, denn (wie praktisch für jene mit den Magengeschwüren) noch nie zuvor waren sie so gut ausgebildet wie derzeit.

2. Der Wertewandel. Nicht einmal unter Männern sind 70-Stunden-Wochen noch ein Statussymbol. Im Gegenteil: Wer zuviel arbeitet, heißt es nun, kann nicht gut organisieren. Das Privatleben zählt gerade bei den intelligenten, sensiblen (und dadurch führungsfähigen) Männern wieder höher. Frauen haben das – in den meisten Fällen – immer schon so gesehen. Die neue „Angleichung" im Denken weiblicher und männlicher Führungskräfte gibt den Frauen größere Chancen.

3. Der Wandel von Unternehmensstrukturen. Statt auf die hierarchische Pyramide setzen immer mehr Unternehmen auf ein funktionierendes Betriebsnetz. Nicht mehr ausschließlich der Befehl von oben nach unten entscheidet, sondern die in Teams erarbeitete beste Lösung. So gesehen ein ideales Klima für Frauen, die ja gut kommunizieren, zuhören und ausgleichen können.

Es ist also nicht nur die unschuldige Liebe, die nach dem Weibe ruft. Es ist eher eine Vorsichtsmaßnahme: Bis zum Jahr 2000, so hat das deutsche Prognos-Institut hochgerechnet, werden von der deutschen Wirtschaft 250.000 zusätzliche Führungskräfte benötigt. So viele gut ausgebildete, intelligente, einsatzwillige und karrierebereite Männer gibt es nicht. Frauen schon. Knapp vierzig Prozent der Studienanfänger sind weiblich (trifft auf Deutschland und Österreich gleichermaßen zu). Und: Jedes dritte Diplom und jeder vierte Doktortitel gehen an eine Frau.

Doch auch ohne statistische Hochrechnung läßt sich abschätzen, daß es demnächst an männlichen Führungskräften fehlen wird: In den nächsten Jahren geht eine große Zahl von leitenden Angestellten in den Ruhestand. Von unten wachsen die geburtenschwachen Jahrgänge nur spärlich nach. Gerade in den traditionellen Männerbranchen, wie metall- und stahlverarbeitende Betriebe, Maschinenbau und Bauwirtschaft, werden viele Chefsessel verwaisen, wenn sie nicht von Frauen besetzt werden. Das Zusammenwachsen Europas wird zusätzlich neue Arbeitsgebiete schaffen.

Günstigerweise ist – unbemerkt von der Öffentlichkeit und ohne großes Mediengetöse – in den letzten Jahrzehnten eine neue Frauenbewegung herangewachsen: die Töchter der gescholtenen „Alice-Schwarzer-Generation", die, hervorragend ausgebildet, ihren legitimen Platz auf dem Arbeitsmarkt fordern.

Und weil sich das so ideal mit der Wirtschaft ergänzt, die ja, wie wir wohlwollend zur Kenntnis genommen haben, die Führungsetagen nun für Frauen öffnen will, dürfte es nicht schwer sein, noch ein paar Steine aus dem Weg zu räumen.

Wie wäre es zum Beispiel mit dem lästigsten: Der Arbeits-
alltag ist in fast allen Betrieben komplett auf Männer zugeschnitten, die zu Hause eine funktionierende Versorgungs-
station zur Verfügung haben. Fazit: Männer mit Familie,
am liebsten mit gar nicht oder nur Teilzeit arbeitender Ehefrau, sind nach wie vor die Wunschkandidaten von fast allen Personalchefs. Da mag die Mitbewerberin noch so qualifiziert – und ledig – sein. Ist sie verheiratet, ist das fast
schon als erschwerender Umstand zu werten. Heikel, heikel. Man weiß ja, was dann folgt.
Extrem schlechte Karten hat man als Frau auch in den meisten Großunternehmen. Die Hierarchien in den Konzernen
sind mit dem simplen Ausdruck „frauenfeindlich" noch
sanft beschrieben. Unsanfter ausgedrückt, würden sie perfekt in einen dumm-dreisten Westernfilm mit dem Titel
„Gnadenlos" passen: Schon die Einstiegsraster der Groß-
konzerne lassen Frauen, die für die Familiengründung ein
paar Jahre zwischen Studium und Beruf geschoben haben,
kaum eine Chance. Bei den meisten Konzernen liegt das
Alterslimit für den Einstieg bei 30 Jahren. Der Unilever-
Konzern beispielsweise nimmt niemanden über 28, der
Deutschen Bank ist jede Bewerberin über 32 zu alt.
Die besten Chancen haben Frauen, vor allem wenn sie ins
rüstige „Greisenalter jenseits der Dreißig" treten, noch im-
mer in kleineren und mittleren Betrieben. Dort zählt die
Leistung mehr als Geschlecht und Alter.

Wenn man als Frau einem männlichen Personalchef gegen-
übersteht, gilt die umgekehrte Devise: Trau keinem unter
fünfzig. Studien haben ergeben, daß männliche Vorgesetzte von fünfzig Jahren aufwärts am frauenfreundlichsten
reagieren. Die netten Großväter sind oftmals richtig stolz
auf ihre tüchtigen jungen Kolleginnen und treten souverän
in den Schatten, damit das junge Licht sichtbar glänzen
kann.
Das war die gute Nachricht.

Die schlechte Nachricht: Eine Pest sind die Männer mit Ende zwanzig, Anfang dreißig. Ausgerechnet sie, die sich vor Zeugen gerne damit brüsten, ihrem Junior die vollen Windeln nonchalant zu wechseln, finden keinen Trick zu mies, wenn eine Frau ihnen karrieremäßig in die Quere kommt. Die aufstrebenden Jungmänner haben erkannt, wer ihre Aufstiegsambitionen in Grund und Boden bremsen kann: die Frauen, die einfach besser sind.

Die Hamburger Betriebswirtschaftsprofessorin Sonja Bischoff hat im Rahmen einer Studie dieses „Neidphänomen" der Männer erforscht und festgestellt: „Männer haben immer schon Angst vor Frauen gehabt, jetzt fühlen sie sich in ihrer ureigensten Domäne bedroht. Sie konkurrieren gegen Frauen mit allen Mitteln, Diffamierung und Aggressivität eingeschlossen."

Da Männer in vorgeblichen Notsituationen zwar ausgesprochen kindisch, aber nicht besonders einfallsreich reagieren, gehen sie, wenn es darum geht, eine Konkurrentin aus den eigenen Reihen zu schlagen, mit den immer gleichen Tricks ans Werk.

Angst macht gemein.

Nun denn – das sind die Tricks Ihrer männlichen Mitbewerber, die so ängstlich wie das Kaninchen vor der Schlange auf den drohenden Frauen-Boom starren:

Die Tricks der Männer – und die nötigen Gegenstrategien

Männertrick Nr. 1. Äußerst hinterhältig: Sie bekommen scheinbar die Verantwortung für ein Projekt. Allerdings ist es eines, das von vornherein zum Scheitern verurteilt ist. Ihre vorprogrammierte Niederlage wird später genüßlich ausgewalzt.

Gegenstrategie: Bereits am Anfang nachbohren. Fragen Sie andere Kollegen um Rat, wenn Sie unsicher sind, ob Sie das

vorgegebene Ziel schaffen können. Fragen Sie den Projekt-
zuteiler, wie er selbst an die Sache herangehen würde, und
zwar in allen Details. Spätestens dann merken Sie, ob er
bluffen will.

Männertrick Nr. 2. Ziemlich vordergründig: die Einschüchte-
rungsmethode. Männer stellen ihre Thesen oft als Tatsachen in den Raum, auch wenn nur heiße Luft dahintersteht.
Viele vor allem junge Frauen lassen sich von männlicher
Holzhammerargumentation derart einschüchtern, daß sie
selbst darauf verzichten, ihre Argumente vorzubringen.
Der Mann hat bezweckt, was er wollte.
Gegenstrategie: Alles hinterfragen. Seien Sie so lange lästig,
bis er sich offen deklariert hat. Wenn er unsicher zu werden
beginnt (Motto: „Also das kann man so oder so sehen . . .“),
dann haken Sie ein. Mit Ihren Argumenten, die hoffentlich
die besseren sind.

Männertrick Nr. 3. Er will Sie verunsichern: durch persönliche, unfaire Kritik. Direkte Frontalangriffe à la „Allein,
wie Sie schon herumrennen . . .“ sind immer ein Zeichen
größter Verunsicherung des Angreifers. Sie sind also in der
stärkeren Position.
Gegenstrategie: Ja nicht versuchen, sich in irgendeiner Weise zu verteidigen. Das haben Sie nicht nötig. Besser: frontal
zurückschleudern. Ein Blick auf den Mann genügt, und Sie
haben mindestens zehn taugliche Angriffsflächen. Kleiner
Tip: Besonders empfindlich sind Männer, wenn es um ihr
möglicherweise schon gelichtetes Haupthaar oder die Figur
geht. Wenn Sie zurückbeißen, haben Sie offiziell den
Kampf mit Ihrem Konkurrenten aufgenommen. Das mag
er nicht, weil er feig ist. Also werden Sie künftig vermutlich Ruhe von ihm haben.

Männertrick Nr. 4. Sehr fies: Er will Ihren Ruf ruinieren. Ein
heißer Flirt, und hinterher redet er abfällig über Sie.

Gegenstrategie: Höllisch aufpassen. Am gebrochenen Grundsatz „Keine Liebschaften in der Firma" sind schon viele gescheitert. Lassen Sie Kollegen Kollegen sein. Bei einem besonders netten Kollegen checken Sie zuerst, ob er Ihrem (oder Sie seinem) Tätigkeitsbereich in die Quere kommt. Wenn das der Fall ist: Finger weg. Gibt später nur Schwierigkeiten, da bekanntlich nicht jeder nette Kollege auch ein Gentleman ist.

Wer die Tricks der Kollegen kennt, sollte unbedingt auch die Tricks jener Männer kennen, die entscheidend dazu beitragen, ob Sie die Kollegen überhaupt kennenlernen: die Personalchefs.
Da vor jeder Karriere das Einstellungsgespräch steht, sollten Sie dabei mit allen Wassern gewaschen sein. Personalchefs sind nämlich wahre Weltmeister im Austricksen.

Die Tricks der Personalchefs – und wie Sie nicht darauf hineinfallen

Der Lästertrick. Er fragt Sie nach Ihrem letzten Chef aus. Jetzt sollten bei Ihnen alle Alarmglocken schrillen: Was er herausfinden will, ist, ob Sie schlecht über den alten Chef sprechen. Tun Sie das, geht er davon aus, daß Sie irgendwann auch schlecht über ihn (oder seine Firma) sprechen werden.
Also: Immer neutral bleiben, nichts Schlechtes über Konkurrenten oder verflossene Arbeitgeber erzählen.

Der Drinktrick. Er geht mit Ihnen essen oder ins Café und nötigt Ihnen einen Drink auf. Vorsicht, Falle! Topleute würden sich hüten, bei Bewerbungsgesprächen auch nur einen Tropfen zu trinken. Also unbedingt ablehnen. Nehmen Sie den Drink an, war es Ihr letzter in seiner Gegenwart.

Der Flirttrick. Er versucht mit Ihnen zu flirten, macht Ihnen Komplimente. Eine ausgesprochen gemeine, aber sehr gängige Falle. Wenn Sie auf die Komplimente eingehen, haben Sie schon verloren. Bleiben Sie so sachlich wie möglich.

Der Gagtrick. Absolut unter der Gürtellinie, wird aber trotzdem praktiziert: Er fordert Sie unter einem Vorwand zu einer absurden Tätigkeit auf, die Ihrer Würde eigentlich zutiefst widerspricht. Er läßt Sie z. B. einen Papierhut falten. Machen Sie's, haben Sie keine Chance auf den Job. Richtige Manager bewahren ihren Stolz.

Der Emanzentrick. Er will aus Ihnen herauskitzeln, ob Sie betont emanzipiert sind. Merke: Personalchefs mögen keine betont emanzipierten Frauen. Genauso wie sie extrem kurze Minis, rote Lippen und lange rote Krallen als schlechtes Omen bewerten, scheuen sie sich vor vermeintlichen Parade-Emanzen (Angst davor, daß Sie das Betriebsklima durcheinanderbringen usw.). Also, auch wenn es weh tun sollte: Lassen Sie durchblicken, daß Sie immer zu Kompromissen bereit sind.

Die geheimen Tricks zur Entspannung

Entspannt geht alles leichter. Wenn der Streß zuviel ist, der Kopf schmerzt, der Rücken sich vor Verspannung hart wie Krupp-Stahl anfühlt und die oberen Nackenmuskeln bei jeder Kopfbewegung knirschen, sind dringend jene Methoden angebracht, die Sie wieder zum souveränen, kreativen Menschen werden lassen.

Es ist außerdem eine Tatsache, daß Sie entspannt besser aussehen, als wenn Ihnen Hektik, Streß und Nervosität ins Gesicht geschrieben sind.

Die wichtigste Regel deshalb gleich zuerst: Entspannung

beginnt im Kopf. Wenn Sie jene Denkmuster ändern, mit denen Sie sich selbst unter Druck setzen, verringern (oder vermeiden) Sie körperliche Verkrampfungen.

Ganz schlecht ist es, sich innerlich unablässig voranzutreiben, mit Formeln wie: „Das muß ich schaffen . . ." Viel besser ist es, den inneren Ton auf „sanft" zu programmieren und sich zu sagen: „Ich kann es ohnehin, ich werde es demnach auch schaffen. Ich vertraue mir . . ."

Schon ein kleiner Unterschied in der „inneren" Formulierung kann Wunder wirken. Probieren Sie es aus, und achten Sie dabei auf Ihre Körperhaltung: Wer sich innerlich gut zuredet, merkt, wie sich die Schultern entspannen und ein wenig senken, wie sich der Oberkörper aufrichtet, der Nakken streckt (wodurch sich das Brustbein hebt) und die Atmung wieder leichter funktioniert.

Die folgenden Entspannungstechniken sind zur Gänze auf „Karrierefrauen" zugeschnitten. Sie erfordern ein Minimum an Zeitaufwand und bewirken ein Maximum an Wirkung: die Energieerhöhung und die Steigerung des allgemeinen Wohlbefindens.

So funktioniert die Kurzentspannung für zwischendurch

Kurze Pausen eignen sich optimal, um die Kräfte wieder zu regenerieren. Das funktioniert allerdings nicht, indem Sie sich einfach hinsetzen und hängenlassen, möglicherweise eine Zigarette anzünden und eine Tasse Kaffee vor sich aufbauen. Probieren Sie es statt dessen einmal mit Atem-, Dehn- und Konzentrationstraining. Sie werden staunen, wie aufgetankt und ausgeruht Sie sich hinterher fühlen. Hier vier Übungen, die nur ganz wenig Zeit beanspruchen:

Die Po-Faust-Übung. Sie können sie allerorts im Sitzen durchführen, es funktioniert aber auch im Stehen. Atmen

Sie einige Male bewußt ein und aus. Ballen Sie anschließend beim Ausatmen, so fest es geht, die Fäuste, gleichzeitig spannen Sie die Po-Muskeln an. Beim Einatmen entspannen sich die Muskeln wieder, beim Ausatmen erneut
anspannen. Ungefähr fünfmal wiederholen. Danach fühlen
Sie sich wieder frisch.

Die Gähnübung. Die Übung kommt aus dem Yoga und hilft,
körperliche Verkrampfungen und seelische Blockaden
(auch Ängste) zu lösen. Sagen Sie „Ahh", und gähnen Sie
dabei so herzhaft es geht. Während des Gähnens strecken
und räkeln Sie sich. Fünfmal wiederholen.

Die Stuhlkantenübung. Diese Übung stammt aus der tibetani-
schen Heilkunst Kum Nye. Sie brauchen dafür einen Stuhl
mit gerader Sitzfläche. Setzen Sie sich auf die vordere
Stuhlkante, und stützen Sie die Hände hinter sich so auf,
daß die Finger nach hinten zeigen. Die Füße stellen Sie (ohne Schuhe) im Abstand von fünfzehn Zentimeter, die Fer-
sen zueinander zeigend, auf den Boden. Jetzt beugen Sie
den Kopf nach hinten und drücken gleichzeitig die Hände
fest auf die Sitzfläche. Atmen Sie dreißig Sekunden mit geöffnetem Mund, danach richten Sie sich auf und beginnen
wieder von vorne. Dreimal wiederholen.

Die Bioenergetikübung. Um Körperblockaden zu lösen, ent-
wickelte der US-Psychotherapeut Alexander Lowen spezielle Bioenergetikübungen. Ihr Grundprinzip: Über eine
tiefere Atmung wird die Energiezufuhr erhöht, und Verkrampfungen werden gelockert. Diese kurze Übung aus der
Bioenergetik können Sie jederzeit im Büro machen: Nehmen Sie ein kleines, weiches Polsterkissen, und stellen Sie
sich barfuß darauf. Die Arme locker herunterhängen lassen. Treten Sie jetzt langsam und gleichmäßig auf der Stelle. Schon nach zwei bis drei Minuten spüren Sie genau, wo
die Verspannung sitzt (meist in der Rücken- und Nacken-

muskulatur), und können sich darauf konzentrieren. Sie werden tiefer und ruhiger atmen, ihr ganzer Körper wird von Wärme durchströmt. Wenn Sie rund vier bis fünf Minuten auf der Stelle getreten sind, fühlen Sie sich wesentlich besser.

Und noch ein paar Anti-Streß-Methoden fürs Büro

1. Gedankenkaraoke. Wenn Sie sehr erschöpft sind: Singen Sie in Gedanken Ihr Lieblingslied. Entspannt total und hebt kurioserweise auch sofort die Laune.

2. Seelengekritzel. Wenn Sie sehr frustriert oder auch gerade besonders gestreßt sind, bringen Sie ihre Gedanken kurz zu Papier. Kritzeln Sie sich die wichtigsten augenblicklichen Seelenqualen vom Leib, indem Sie sie stichwortartig notieren. Der US-Psychologe James W. Pennebaker von der Southern Methodist University in Dallas fand heraus, daß eine solcherart festgehaltene Seelenbeichte als Blitzableiter negativer Gedanken dient. Wenn Sie fertig sind, lesen Sie den Zettel durch (dann schmeißen Sie ihn weg). Sie haben danach wieder mehr Kraft, um den Mühen ins Auge zu sehen.

3. Der goldene Punkt. Das ist ein goldener Aufkleber, den Sie dort anbringen sollten, wo Sie häufig hinschauen: auf dem Computer, auf dem Time-table oder auf dem Telefon. Der goldene Punkt wurde von Wissenschaftlern der Universität in Essen entwickelt und ist ein Streßkiller. Wenn Sie sich einige Minuten auf den Punkt konzentrieren, beruhigen sich Pulsschlag und Herz. Der Punkt kann über diverse Versandhandelshäuser bestellt werden, Sie können aber auch irgendeinen anderen goldenen Aufkleber verwenden.

4. Sauerstoff tanken. Die einfachste und schnellste Methode, um aufzutanken: bei geöffnetem Fenster fünf Minuten lang ruhig ein- und ausatmen. Die Streßstoffe Adrenalin und Noradrenalin werden dabei abgebaut.

5. Telefonstreicheleinheiten. Telefonieren Sie in schlimmen Streßphasen ganz kurz mit einem lieben Freund oder einer Freundin. Ein „Hallo, wie geht's?", mit nachfolgender kurzer Schilderung des eigenen Ungemachs, genügt völlig. Psychologisch haben Sie dadurch Ihren Frust ein wenig abgeladen (nämlich auf den Tröster). Die Seele hat wieder aufgetankt.

Fünf Sätze, die Ihnen in Streßzeiten helfen

Die folgenden Sätze, in Gedanken ausgesprochen, helfen, inneren Streß abzubauen:
1. „Alles ist möglich, wenn ich es will."
2. „Ich bringe das zustande, weil ich weiß, daß ich es kann."
3. „Die anderen sind weder schneller noch besser. Und sie wissen das auch."
4. „Ich mag mich so, wie ich bin. Ich bin großartig."
5. „Das Leben ist ein Spiel. Wirklich wichtig bin nur ich und die Tatsache, daß es mir gutgeht."

Anti-Streß-Methoden für zu Hause

Die wichtigste lautet: alle vier gerade sein lassen. Weder die verschmierten Fenster noch der ungesaugte Teppich, noch das unaufgeräumte Kinderzimmer schreien nach sofortiger Chaosbehebung. Das tut höchstens Ihr schlechtes Gewissen, und das brauchen Sie wiederum nicht zu haben. Wichtig sind alleine Sie. Nicht der Teppich, nicht die Fenster. Kultivieren Sie diese Einstellung, so gut es geht, und wenden Sie dabei folgenden Trick an:

Wenn Sie nach Hause kommen, erledigen Sie zuerst das Angenehmste (also z. B. Post aus dem Briefkasten nehmen). Damit haben Sie ein kleines Erfolgserlebnis (Post durchgesehen) und eine Rechtfertigung für die nachfolgende Mußestunde. Denn wann immer es möglich ist, versuchen Sie, sich eine halbe Stunde lang ausschließlich mit sich selbst zu beschäftigen. Legen Sie sich bequem hin, und hängen Sie Ihren Gedanken nach, nehmen Sie ein Bad, dösen Sie, lackieren Sie sich die Fingernägel oder cremen Sie sich von Kopf bis Fuß ein. Unterstützend wirkt bei all diesen Tätigkeiten eine kleine Duftlampe, die das Odeur ätherischer Entspannungsöle verströmt. Günstig auf strapazierte Nerven wirkt sich etwa der Duft von Bergamotte, Sandelholz, Lavendel, Vetiver oder Galbanum aus.

Wichtig ist, daß Sie sich selbst unmittelbar Gutes tun. Wenn Sie sich genug Streicheleinheiten gegeben haben, kommen die anderen dran (ganz zum Schluß erst der Teppich).

Sie werden sehen, um wieviel leichter Ihnen die üblichen Pflichten von der Hand gehen, wenn Sie vorher etwas für sich selbst getan haben.

Günstig auf die Psyche wirkt sich außerdem das Hören der richtigen Musik aus. Das sind die Klassiker zur Entspannung:

1. *„Die kleine Nachtmusik"* von Mozart,
2. Largo aus *„Feuerwehrsmusik"* von Händel,
3. Largo aus *„Flötenkonzert in g-Moll"* und Largo aus *„Konzert für Cembalo-Solo Nr. 5 in G-Dur"* von Bach,
4. Largo aus dem *„Winter"* der *„Vier Jahreszeiten"* von Vivaldi,
5. Largo aus dem *„Konzert für Violine und Orchester D-Dur"*, op. 61, von Beethoven.

Klassefrauen und ihre Rivalinnen

Wie man mit Konkurrentinnen umgeht

„So eine blöde Kuh!" Seien Sie ehrlich: Haben Sie das nicht auch schon einmal über eine andere Frau gedacht?

Die Zeit ist reif, darüber zu reden: Frauen kritisieren zwar mit Ausdauer männliche Machtspiele, die Konkurrenz-kämpfe in den eigenen Reihen werden aber gerne ignoriert. Es ist eine Tatsache, daß Frauen immer und überall gegen-einander konkurrieren – beruflich wie privat, versteckter, aber dafür schärfer als Männer. „Kein Weib war je des ande-ren Freund", formulierte Friedrich Nietzsche, und die Ge-schichte scheint ihm recht zu geben. Frauen rivalisierten zu allen Zeiten mit allen Mitteln: Kleopatra schaffte sich durch List und Tücke Agrippina vom Hals, Elisabeth I. machte Maria Stuart um einen Kopf kürzer, und Napoleon führte nicht nur einen seiner Feldzüge auf ausdrücklichen Wunsch seiner Gattin Eugénie, der da und dort eine Köni-gin nicht gefiel.

Die Mittel haben sich inzwischen verfeinert, die Tatsache selbst ist geblieben. Rivalität unter Frauen bestimmt unser Leben. Wer ist die Schönere, Schlankere, Erfolgreichere? Wer hat den besseren Mann, das größere Haus, die längeren Ferien in der Karibik?

Gekämpft wird Tag für Tag: Mutter gegen Mutter, Karriere-frau gegen Karrierefrau, Mütter, die zu Hause bleiben, ge-gen Frauen, die Kind und Beruf zu vereinbaren versuchen.

Der altbekannte Zwist Berufstätige gegen Hausfrau entspringt dem gleichen Rivalitätsmuster wie alle anderen Anfeindungen: Eine Frau, die Kinder und Beruf unter einen Hut bringt, wertet die ab, die „nur" zu Hause bleiben. Sie muß also in den Augen der Hausfrauen automatisch scheitern. Zumindest darf ihr Kind nicht genauso aufgeweckt, begabt und intelligent sein wie jenes, dem die volle mütterliche Aufmerksamkeit zuteil wird. Umgekehrt ist die Berufstätige unentwegt bemüht, zu beweisen, daß sie trotz ihres „Verrates" an der Idee der Mutterschaft genauso verantwortungsvoll agiert wie die Daheimgebliebenen.
Jede versucht ihr Bestes – aber beide Fraktionen können nie wirklich zueinanderfinden.

Karrierefrauen in den oberen Führungsetagen bestätigen allesamt: Nicht der Kampf gegen die Männer kostet die meiste Energie, sondern die eigenen Geschlechtsgenossinnen machen ihnen den Weg nach oben mit einem gewissen Spaß an der Sache so schwer wie möglich. Der Grund dafür liegt in der typisch weiblichen Denkweise: Wenn Du erfolgreicher bist als ich, dann habe ich versagt. Daß eine Frau sich über uns erhebt, stört empfindlich unser Wertgefühl. Also wird sie zuerst einmal abgelehnt, nach der Devise: Sie gehört nicht zu uns, sie ist anders.
Aufmerksamkeit und Anerkennung, die anderen Frauen entgegengebracht werden, verstehen Frauen oft als Herabsetzung ihrer eigenen Person. Ein Zeichen von Vergleichsangst. Frauen ertragen es nur schwer, weniger hübsch zu sein, weniger talentiert zu sein, ja sogar weniger gut kochen zu können als eine andere. Das ist auch ein Grund, warum sehr gute Freundinnen sich äußerlich meist ähnlich sind. Die Freundinnenpaarung „attraktiv – unattraktiv" findet man kaum. Freundinnen sind fast immer auf dem gleichen Attraktivitätsniveau.
Eine Verflossene des eigenen Mannes mutiert automatisch zur liebsten Rivalin – schon deshalb, weil sie einmal das

besessen hat, was man selbst noch gerne länger besitzen will. Kaum eine Frau ist fähig, ein unkompliziertes oder sogar freundschaftliches Verhältnis zur früheren Partnerin ihres Liebhabers zu entwickeln (darin liegt übrigens auch die Schwiegermutter-Schwiegertochter-Problematik begründet – aber das ist eine andere Geschichte).

Dabei dürfen Frauen, so will es die männlich dominierte Gesellschaft, eigentlich gar nicht gegeneinander kämpfen. Was bei Männern als normal angesehen wird, bleibt den Frauen vorenthalten: der offene Wettbewerb um mehr Erfolg, Macht, Schönheit und Geld.

Man hat uns zwar früh beigebracht, uns als schönster Engel des Kindergartens zu profilieren. („Wenn du dieses Kleid heute anziehst, bist du schöner als alle anderen.") Wie man Konkurrentinnen offen und mit einer gewissen Ehrlichkeit gegenübertritt, hat man uns aber nicht gelehrt.

Das führt dazu, daß die meisten Frauen mit Konkurrenzsituationen nicht richtig umgehen können und die versteckte Konkurrenz praktisch allgegenwärtig ist.

Es gibt ein paar einfache Anhaltspunkte, an denen Sie merken, ob eine andere Frau mit Ihnen konkurriert:

1. Sie kopiert Sie in gewisser Weise. Beispiel: Sie kommen im dunkelblauen Hosenanzug ins Büro. Die Kollegin äußert sich darüber mit keinem Wort, erscheint drei Tage später aber im fast gleichen Outfit.

Die richtige Reaktion: Fragen Sie bei Gelegenheit locker nach: „Na, der sieht ja fast aus wie meiner, wo haben Sie den denn gekauft . . ." Damit schaffen Sie sich wahrscheinlich sogar eine gewisse Sympathie bei der Konkurrentin, die Sie ja irgendwie auch als Vorbild sieht.

2. Sie erweist sich vordergründig solidarisch mit Ihnen, agiert aus dem Hinterhalt aber als weiblicher Judas. Irgendwann kommt Ihnen zu Ohren, daß sie Dinge weitergibt,

die andere nichts angehen. Hier haben Sie es mit einer eifersüchtigen Konkurrentin zu tun, die versucht, Ihnen ernsthaft zu schaden.

Die richtige Reaktion: Zur Rede stellen. Mit den Tatsachen konfrontieren.

3. Sie macht spitze Komplimente und sagt beispielsweise: „Sie können wohl essen, was Sie wollen, Sie werden nie zunehmen." Tatsache ist: Sie ist auf Ihre Figur neidisch und versucht, das zu überspielen.

Die richtige Reaktion: Selbstbewußt bleiben und beispielsweise sagen: „Stimmt genau. Das ist vererbt. Andere sind da nicht so glücklich dran." Damit machen Sie zwar genau das Gegenteil von dem, was man von Ihnen erwartet (nämlich etwas in der Art zu sagen von: „Ach nein, das sieht nur so aus, in Wirklichkeit hab' ich dicke Oberschenkel . . ."), aber Sie imponieren der Konkurrentin so, daß sie künftig von Ihnen abläßt. Die Konkurrenz mit Ihnen ist ihr zu anstrengend.

4. Sie übt sich in der „Ach,-das-ist-doch-gar-nichts"-Methode. Eine besonders lästige Form der Konkurrenz, da die Konkurrentin erstens stets vorgibt, alles besser zu wissen, und zweitens nicht gelten läßt, was man an erfreulichen Dingen so vorbringt. Erzählen Sie zum Beispiel von einem geplanten Urlaub in Frankreich, hakt sie nach dem zweiten Satz ein und sagt: „Dort war ich schon, dort ist es aber nicht besonders. Viel schöner ist es doch in Soundso . . ."

Die richtige Reaktion: Machen Sie sie mundtot. Sagen Sie etwas in der Art von: „Ich weiß, Frau X, Sie wissen es ohnehin besser, aber . . ." Sie fühlt sich durchschaut und wird künftig nichts mehr sagen.

Eine Konkurrentinnen-Ausschalte-Methode, die zwar Selbstüberwindung kostet, dafür aber äußerst effektiv ist,

ist das Komplimente-Machen. Und zwar ehrliche Komplimente.

Auch wenn es Ihnen schwerfällt, an der anderen etwas zu
finden, das ein Lob rechtfertigt – irgend etwas wird sie
schon haben.

Wer halbwegs ehrlich gemeinte Komplimente verteilt,
wird nicht mehr gehaßt. So gesehen ist das die souveränste
Methode, Konkurrentinnen, zumindest vordergründig, aus
dem Feld zu schlagen.

Der richtige Umgang mit Neid

Möglicherweise sind ja auch Sie in der Position einer Konkurrentin. Möglicherweise sind Sie nicht über alle niedrigen Instinkte dieser Welt erhaben, und vielleicht gibt es in
Ihrem Umfeld jemanden, der für Sie der berühmte Dorn im
Auge ist.

Sie werden schon wissen, warum.

Sprechen wir es also aus: Sie sind – warum auch immer –
auf dieses oder jenes neidisch.

Neid ist ein unschönes Wort, aber so allgegenwärtig wie
das Leben. Ich will Ihnen nicht davon abraten, neidisch zu
sein. Sie sollten nur das Beste daraus machen und den Neid
zum kreativen Potential umsetzen. Das ist möglich und
verbindet das Unvermeidliche (den Neid) mit dem Nützlichen.

Also: Bevor Sie sinnlos neidisch sind, nützen Sie die Macht
des Neides lieber für sich selbst.

Drei Formeln, wie Sie Neid in Kreativität umsetzen können:

Neid-Formel Nr. 1. Fragen Sie sich: Was hat die, was ich nicht
habe? Seien Sie nicht einfach neidisch auf bestimmte Dinge, sondern versuchen Sie, diese Dinge auch zu bekommen. Neid kann ein echter Erfolgsantrieb sein, wenn man

durch ihn auf Mängel der eigenen Person aufmerksam wird. Sie wissen ja: Jeder Mangel ist behebbar.

Neid-Formel Nr. 2. Bekommen Sie den Neid in den Griff. Fragen Sie sich: Warum bin ich auf diese Person neidisch? Mögliche Antwort: Weil sie jung, hübsch und intelligent ist und obendrein erfolgreicher als Sie. Lösung: Stellen Sie Ihre Vorteile und die Vorteile der „Gegnerin" geistig (in schweren Fällen dürfen Sie auch ein Blatt Papier zur Hand nehmen) gegenüber. Sie werden sehen, daß Sie im Grunde besser abschneiden als die Rivalin, deren Nachteile Ihnen durch eine solche Analyse erst bewußtwerden. Der Neid wird sich vermutlich in Gleichgültigkeit auflösen.

Neid-Formel Nr. 3. Werden Sie sich bewußt, daß Neid Ihnen Lebensenergie wegnimmt. Haben Sie das nötig? Nein. Versuchen Sie, das Objekt Ihres Neides aus Ihrem Umfeld so gut wie möglich zu verbannen. Je weniger Sie mit dem Neidobjekt konfrontiert sind, desto unwichtiger wird Ihnen der Neid werden. Irgendwann werden Sie es nicht mehr glauben wollen, auf „die da" jemals neidisch gewesen zu sein.

Klassefrauen und ihre Männer

Woran Sie erkennen, ob er zu Ihnen paßt

Ein Mann, eine Frau – und dann der Blitz. Das Gefühl, wenn die Liebe unbarmherzig zuschlägt. Haben Sie das schon einmal erlebt? Er, der erfolgreiche Richard-Gere-Typ, sensibel, mit der richtig dosierten Portion Macho-gehabe, wenn es darauf ankommt. Sie, die Frau, die immer weiß, was sie will, die fast alle Männer haben könnte und ein paar davon auch gehabt hat. Und die sich dabei trotz-dem – irgendwie – die Aura der Unschuld bewahrt hat.

Das ist sie, die kinogerechte Love-Story, bei der die Erde bebt, bei der einem, aus der wohligen Distanz vom Kino-sessel aus betrachtet, das Herz vor Freude übergeht (wenn sich die beiden kriegen) und die im Cinemascope-Format bewußtmacht, daß wir es eigentlich mit „ihm" ganz gut erwischt haben (wir denken so etwas vor allem dann, wenn die beiden auf der Kinoleinwand ihre Probleme miteinan-der haben).

Er Rhett Butler, sie Scarlett O'Hara.

Er Richard Gere, sie Pretty Woman.

Das ideale Paar, das niemals voneinander lassen kann, wo einer den anderen braucht und vermißt und selbstverständ-lich nie im Weg steht.

Abspann.

Richard Gere ist längst zum braven Ehemann herangereift, verheiratet mit Cindy Crawford, Rhett Butler war in Wirklichkeit ein übler Macho und außerdem zu schön für den länger anhaltenden Hausgebrauch (über alles andere läßt sich diskutieren). Wenden wir den Blick also dem Nächstliegenden zu – dem Mann an unserer Seite. Wenn schon nicht aus anderen Gründen, dann zumindest aus einem: um zu prüfen, ob er es tatsächlich verdient hat, weiterhin neben uns zu verweilen.

Natürlich läßt sich Liebe nicht von rationalen Gefühlen in Schach halten. Natürlich geht es Ihnen nach den ersten vier Wochen noch nicht auf die Nerven, wenn er schnarcht, halblustige Bud-Spencer-Filme der Diskussionsrunde über die Quotenregelung am anderen Kanal vorzieht und seine Socken (nachdem Bud Spencer endlich erledigt ist) immer erst zum Schluß auszieht. (Sollten Sie, als Mann, zufällig diese Zeilen lesen: Legen Sie doch künftig zuerst die Socken und dann erst die Hose ab. Es lohnt die Mühe!)
Natürlich sehen Sie anfangs gelassen über jene Kleinigkeiten hinweg, die kaum die Mühe der Erwähnung wert sind: Daß er eifersüchtig reagiert, wenn Sie mit einer Freundin ins Kino wollen (er mag Sie eben so gerne um sich haben), daß er es nicht besonders gut findet, wenn Sie später als er nach Hause kommen (wer sperrt schon gerne eine leere Wohnung auf?), daß er es auf den Tod nicht leiden kann, wenn Sie Ihre Mutter übers Wochenende einmal einladen (seine Mutter drängt sich schließlich auch nicht dauernd auf).
Wohlgemerkt: Sie sehen am Anfang gerne über diese kleinen Ungemächlichkeiten hinweg. Wie lange? Das kommt erstens auf den Grad Ihrer Zuneigung an und zweitens auf den Zustand Ihrer Nerven. Sie könnten sie um einiges schonen bzw. jetzt schon auf den vorprogrammierten Ungemach vorbereiten, wenn Sie – zu Beginn einer Beziehung – ein paar wichtige Signale ernst nehmen. Erfolgreiche Frauen brauchen (und haben in den meisten Fällen) Männer, die sie unterstützen. Nur wenige Dinge sind mühsamer, als sich den Erfolg gegen den Willen des eigenen

Mannes zu erkämpfen. Der psychologische Experten-Tip in diesem Fall ist ein kurzer und bündiger: Wenn ein Mann Sie nicht bei Ihren Ambitionen unterstützt – entweder aus Bequemlichkeit oder weil er Sie nicht wirklich ernst nimmt –, hat er in Ihnen die falsche Frau.

Sehen Sie sich zunächst einmal die nachfolgende Check-liste an: Sie behandelt alle jene männlichen Eigenschaften, die – falls der von Ihnen Auserwählte sie regelmäßig an den Tag legen sollte – bei Ihnen die seelische Warnblinkanlage in Betrieb setzen müßten.
Ihre Partnerschaft wird auf Dauer bedeutend anstrengender, als Ihnen lieb sein wird, . . .

. . . **wenn er angibt.** Männer mit dem ständig aufgesetzten „Ich-weiß-alles-besser"-Gesicht sind mühselig. Ein biß-chen Angabe ist in Ordnung, liebenswert und legitim. Auf-passen sollten Sie, wenn er alles besser weiß, besser kennt, besser kann als Sie. Männer, die sich selbst für den Größten halten, werden zur Plage, wenn die Partnerin nicht dem Typus unterwürfige Maus entspricht.

. . . **wenn er Sie mit Ehemaligen vergleicht.** Fängt er so an, lassen Sie am besten gleich die Finger von ihm. Er hat nicht kapiert, daß Sie einzigartig sind, vielleicht hängt er seiner alten Liebe auch noch nach. Armer Kerl. Lassen Sie ihn bei der Vergangenheitsbewältigung lieber allein.

. . . **wenn er Sie umerziehen will.** Ebenfalls sofort ein seeli-scher Kündigungsgrund. Ihr Jeans-Outfit muß weg, eine an-dere Frisur muß her, Ihr Busen ist irgendwie zu klein, und in Gesellschaft lachen Sie zu laut?
Behalten Sie die Jeans an. Und wechseln Sie den Mann.

. . . **wenn er Ihnen ein schlechtes Gewissen macht.** Ein äußerst gefährliches Alarmzeichen, da er in Wirklichkeit gegen alles ist, wo er nicht mit einbezogen wird. Falls Sie beruflich sehr beansprucht sind und zu Hause jemanden sitzen haben, der nicht müde wird zu erklären, wie sehr er (und das Meerschwein und der Sittich) darunter leidet: Besser den Mann wechseln als den Job.

. . . wenn er im Bett keine Phantasie hat. Gähn. Nur Ihre gute Erziehung hält Sie davon ab, bei der Liebe ein gutes Buch zu lesen? In diesem Fall lieber lesen. Phantasielose Männer mögen zu Anfang eine Art nette Streicheltierfunktion erfüllen. Wenn der Besuch im harmlosen Streichelzoo allerdings zur Dauerbeschäftigung zu werden droht: Zoo auflösen.

. . . wenn er einen Sprachfehler hat. Auf den Mund gefallen ist er nicht, und wenn es um Allgemeinheiten geht, verblüfft er durch rhetorische Kapriolen. Bei drei bestimmten Wörtern versagen ihm allerdings die Stimmbänder. Manche Männer wollen sich keine Blöße geben, indem sie ihre Liebe eingestehen. In diesem Fall ist leise Nachsicht noch am ehesten angebracht. Doch wenn jeder Versuch des diesbezüglichen Sprachunterrichts fehlschlägt – überdenken Sie die Beziehung.

. . . wenn er nicht zuhören kann. Viele Männer ertauben mit zunehmenden Jahren der Partnerschaft. Den Gehörsinn wieder zu aktivieren, schafft dann bestenfalls ein Eheberater. Wenn Sie über die neueste Jobintrige erzählen und er sagt darauf: „Wie schön für dich, Liebling", sind Sie bereits jetzt mit einem latent Gehörgeschädigten geschlagen. Ändern Sie das, denn sein Leiden nimmt mit den Jahren noch weiter zu.

. . . wenn er nicht anruft. Das Ticken der Uhr kommt bereits dem einer Zeitbombe gleich. Zwei Uhr nachts, kein Anruf, keine Nachricht. Sorgen, Eifersucht, Verlustangst. In Wirklichkeit hat er Ihnen seine Message nonverbal übermittelt: „Ich kann ohne dich." Konsequenz: Ihre Unabhängigkeitserklärung macht ihn schneller zum Ex, als er davonlaufen kann.

Woran Sie merken, ob er der Richtige ist? Lesen Sie weiter – besonders, wenn Sie gerade verliebt sein sollten:

Der erotische Faktor: Darauf kommt es an

Sex. Beim deutschen Durchschnittspaar dauert er zwölf Minuten und findet einmal pro Woche statt. So banal kann Erotik sein. Es ist kein Zufall, daß wirklich sinnliche Filme das Gegenprogramm zur Welt des klinisch-sauberen Geschlechtsverkehrs zeigen: Schweiß, Wollust, Leidenschaft, immer mit einem Schuß Wahnsinn gewürzt. Sie erinnern sich: „Der letzte Tango" zählt dazu, „Wenn der Postmann zweimal klingelt" und natürlich „9 1/2 Wochen".
Knisternde Erotik lebt vom Gegensatz und von der Fremdheit. Womit wir beim Punkt sind: Um sein persönliches Pendant für erfreuliche Situationen zu finden, muß man zwei Dinge tun: erstens den Verstand ausschalten, zweitens den Satz „Der paßt aber bestimmt nicht zu mir" vergessen. Beispiel: Ihn faszinieren Ihr Klassen-Appeal, Ihre Reinheit, Ihre Unschuld. Für Sie wiederum ist er das personifizierte Abenteuer, das erste Risiko in Ihrem geordneten Leben. Sie sind völlig gegensätzliche Typen.
Peng. In diesem Fall avanciert die Floskel „Gegensätze ziehen sich an" zur entscheidenden Formel.
Merke: Erotische Abenteuer zwischen Menschen, die sonst wenige Gemeinsamkeiten haben, sind die besten.

Die zweitbeste Erotiklösung. Die zweitbeste Sexbeziehung ist eine zwischen Menschen, die ihre gemeinsame „Andersartigkeit" verbindet. Motto: Gemeinsam aus dem Rahmen fallen, also etwa die Verbindungen Künstler und Künstlerin, extremer Workaholic und erfolgreiche Karrierefrau (nur die Zeit ist dann ein kleines Problem). Die kreative Andersartigkeit ist der gemeinsame Motor für die Erotik.

Die schlechteste Erotiklösung. Wenn zwei zusammenkommen, die sich am liebsten über Haftpflichtversicherungen, Prämiensparen und Bausparverträge unterhalten, wird im Bett meist nur gelenkschonende Seniorengymnastik praktiziert. Sex? Wie schreibt man das?
PS: Die Partnerschaften solcher auf Sicherheit bedachten Paare funktionieren meistens hervorragend und halten nicht selten, bis daß der Tod sie scheidet. Es stellt sich nur die Frage, was man will.

Der Machtfaktor: Was Sie beachten müssen

Ob und wie eine Beziehung funktioniert, hängt entscheidend von der Machtposition beider Partner ab. Die ideale Voraussetzung: Macht-Mann und Macht-Frau geraten aneinander, jeder bewahrt eine gewisse Eigenständigkeit, und keiner gibt sich für den anderen auf.
Der deutsche Psychologe und Partnerschaftsforscher Stephan Lermer stellte fest, daß die am besten funktionierenden Beziehungen jene sind, in denen zwei starke Persönlichkeiten aufeinandertreffen. Ganz ideal wird es, wenn diese beiden aber nicht zusammen wohnen. Und wenn schon nicht zwei Wohnungen, dann sollte es wenigstens zwei Schlafzimmer geben.

Die zweitbeste Machtlösung. Partnerschaften, in denen eine klare Rollenverteilung herrscht und damit auch eine „ungerechte" Verteilung der Machtbeziehungen zwischen Unter- und Überlegenem. Solche Beziehungen sind zwar nicht

so aufregend (und zeitweise aufwühlend) wie zwischen lu-
penreinen Machtpartnern, dafür laufen sie in den meisten
Fällen harmonischer ab. Er bestimmt die Richtung, sie hat
dafür eine starke Schulter zum Anlehnen.

Die schlechteste Machtlösung. Partnerschaften, in denen einer das bestehende Machtverhältnis ausnützt. Wenn er seine Überlegenheit so ausspielt, daß sie alles für ihn tut, oder
wenn sie jede Verantwortung für ihr Leben auf ihn abwälzt
– dann ist es Zeit, die Sache zu beenden.

Der Biofaktor: Wer am besten zu wem paßt

Schnüffeln Sie Ihren Partner einmal so richtig ab. Mögen
Sie seinen Geruch? Sehr sogar? So, daß Sie ihn tagsüber,
wenn er gar nicht bei Ihnen ist, sogar manchmal in der Nase spüren?
Wenn dem so ist, kann kaum mehr etwas schiefgehen. Die
Wissenschaft hat längst herausgefunden, daß ideal harmo-
nierende Paare jeweils auf den Duft des anderen „anspring-
gen". Sie können einander im wahrsten Sinn des Wortes
gut riechen. Je besser man den anderen riechen kann, desto
unterschiedlicher sind die Gewebetypen. Menschen des-
selben Gewebe- und damit Geruchstypes stoßen einander
ab. Ein Trick der Natur, dem schon die urzeitlichen Ahnen
nachgaben: Die Nase hilft unbewußt dabei, einen Partner
zu finden, mit dem man gesunde Kinder zeugen kann. Je
ähnlicher sich die Partner in Geruch und Gewebe sind, desto schlechter – so das herrschende Naturgesetz – die Über-
lebenschancen der gemeinsamen Kinder.
Wie wichtig hingegen äußerliche Ähnlichkeiten sind, beweist am besten eine Studie, bei der gescheiterte mit
glücklichen Ehen verglichen wurden. Die glücklichen Paare wiesen allesamt eine hohe genetische Übereinstimmung
auf. Sie waren einander nicht nur in der Größe, Haar-, Au-

genfarbe und den Gesichtszügen ähnlich, sondern auch in ihrem Blutdruck und ihrer Pulsfrequenz.

Was schließen wir daraus? Schauen Sie sich Ihren Partner doch einmal genau an. Und schnüffeln Sie.

Die zweitbeste Biolösung. Ein großteils ähnlicher Lebensrhythmus reicht meist schon für eine glückliche Beziehung aus. Aus der Chrono-Biologie ist bekannt, daß eine Partnerschaft dann am besten läuft, wenn beide einen ähnlichen Biorhythmus haben. Also wenn die drei Biokurven von Körper, Seele und Geist bei Mann und Frau gleichzeitig ihre Hochs und Tiefs haben. Entscheidend ist die Übereinstimmung der Körperrhythmen, daß also etwa beide Tag- oder beide Nachtmenschen sind.

Ähnlich wichtig wie der Biorhythmus ist auch der Sinneskanal: Wenn Sie zum Beispiel ein visueller, ein sogenannter Seh-Typ sind, Ihr Partner aber ein Hör-Typ ist, werden Sie wahrscheinlich selten auf der gleichen Wellenlänge liegen. Der Hör-Typ ist darauf angewiesen, nette Worte aus Ihrem Mund zu hören. Der ihm von Ihnen zugeworfene liebevolle Blick suggeriert ihm nichts.

Die schlechteste Biolösung. Wenn Sie von tragischen, unheilvollen und zermürbenden Liebesszenen à la Ingmar Bergman träumen, sollten Sie sich mit Ihrem einstigen Sandkastenfreund zusammentun. Menschen, die wie Bruder und Schwester aufgewachsen sind und auch später noch nicht voneinander lassen wollten, haben die denkbar schlechtesten Voraussetzungen für eine glückliche Partnerschaft. Was wiederum auf einem Trick der Natur beruht: Um inzestuöse Verbindungen zu vermeiden, aus denen fast immer geschädigte Kinder hervorgehen, hat es die Natur so eingerichtet, daß Kinderpaare später kaum oder nur mäßiges Interesse aneinander aufbringen. Zwar halten die Verbindungen lange, erfüllend sind sie für die Beteiligten aber nicht.

Wie man Männern Komplimente macht

Sie können ihn bitten, Ihnen ein Gedicht vorzutragen, und ihm damit versteckt zu verstehen geben, daß Sie ihn für ein poetisches Genie halten. Sie können ihm die subtilsten Feinheiten ins Ohr flüstern und ihm solcherart suggerieren, daß Sie, sofern er sie entschlüsseln kann, seine Intelligenz über die Maßen zu schätzen wissen. Sie können ihm auch ganz simpel sagen: „Du bist der Größte." Sagen Sie's ihm, denn das ist genau der Satz, den er hören mag.

Wenn Sie einem Mann Komplimente machen wollen – und Sie sollten es tun, weil Männer Komplimente erstens ungeheuer mögen und zweitens in der Folge meistens das tun, was von ihnen erwartet wird –, müssen Sie eines wissen: Je handfester Sie vorgehen, desto besser.

Sprechen Sie in einfachen Sätzen (alles Überflüssige verwirrt nur), und sagen Sie etwas in der Art von: „Du bist umwerfend", „Du bist so souverän", „Ich bin wahnsinnig stolz auf dich".

Die Wirkung, wie Sie sehen werden, ist verblüffend.

Noch eine Spur besser kommt es an, wenn Sie Details seines Körpers offenkundig zum Objekt Ihrer Begierde erklären. Welche, sei Ihrer pesönlichen Präferenz überlassen, nur soviel noch: Männer lieben es über alle Maßen, wenn man ihre Figur und ihr Aussehen lobt.

Falls Sie sich bisher vielleicht noch nicht viele Gedanken zum Thema gemacht haben – hier ein paar Anregungen zu Komplimenten, die Männer so willfährig machen, wie wir sie manchmal gerne haben:

Du hast wunderschöne Haare. Schmeichelt dem Mann (natürlich nur, wenn er keine Halbglatze trägt) bis ins Innerste. Der Grund: Unglaublich viele Männer leiden unter dem sogenannten „Samson"-Syndrom, das heißt, sie haben Angst, ihrer Haarpracht – oder auch den Resten davon – verlustig zu gehen. Das Haar des biblischen Samson war Wurzel seiner Kraft, Macht und Potenz. Also: Bestärken Sie ihn, was seine Haare betrifft. Und scheuen Sie sich nicht, bis zum äußersten zu gehen, indem Sie notfalls seine interessante Kopfform (ohne Haare) loben.

Du hast die schönsten Hände. Fast jeder Mann wird zunächst einmal erstaunt darauf reagieren, wenn Sie ihn auf seine Hände ansprechen. Und er wird einwenden: „Warum, die sind doch zu plump, zu groß, zu rauh, zu kurz . . ." Widersprechen Sie ihm liebevoll, aber bestimmt – und Sie haben gewonnen. Er wird glücklich sein und fragen: „Du findest also meine Hände wirklich schön?" Ja.

Deine Zähne sind so sexy. Männer können noch mit einfachen Weisen glücklich gestimmt werden. Und sie sind immens dankbar, wenn man ihre Bemühungen bemerkt, stets gepflegt und kußfrisch zu wirken.
Am extremsten ist dieser Wunsch, wenn sie um die vierzig sind. Da kaufen sie Zahnweiß und Zahnseide und weißeln vor dem Badezimmerspiegel, daß es blitzt. Wird die Mühe zur Kenntnis genommen, sind sie dankbar und anschmiegsam.

Du bist einer der ganz wenigen, die mich zum Lachen bringen können. Ist Ihnen schon eimal aufgefallen, wie irritiert Männer zum Nebentisch im Lokal spähen, wenn dort ein Pärchen sitzt, das sich augenscheinlich prächtig amüsiert? Männer haben panische Angst davor, langweilig zu wirken. Sie wollen humorvoll sein, amüsant, spritzig und charmant. Wir wissen: Dieser Wunsch führt dazu, daß sie oft rührend danebentappen. Doch gerade darin sollten Sie die Chance für ein Kompliment sehen: Wenn er einen grauenhaften, uralten Witz erzählt und der Moment droht, in die Peinlichkeit abzurutschen – dann beweisen Sie doch bitte

174

Generosität. Lachen Sie oder schmunzeln Sie zumindest. Er wird Sie dafür lieben.

PS: Zuviel der Kulanz? Umgekehrt tun Männer vermutlich manchmal das gleiche.

Ich vermisse dich. Wenn Sie ihm diesen Satz ins Telefon hauchen, fließt er dahin. Wenn Sie dann noch anfügen: „Und zwar jeden einzelnen Zentimeter", befreien Sie den Guten mit einem Schlag von seinen größten Selbstzweifeln. Nämlich, ob er im allgemeinen und im speziellen von Interesse für Sie ist. Er wird Ihnen das Kompliment danken. Sofort nach seiner Heimkehr.

Schön, daß es dich in meinem Leben gibt. Männer tun zwar oft so, als sei es eine Offenbarung, mit ihnen zusammenzusein. Aber in Wahrheit haben die meisten daran große Zweifel. „Mit dir ist es nie langweilig", „Mit dir kann ich mich weiterentwickeln", „Mit dir ist es wunderschön, zu leben" – das ist Balsam auf die zweifelnde Männerseele.

Glaubst du, mir würde ein Jil-Sander-Anzug stehen? Nein, das ist kein Rückfall in die Weibchenrolle. Das ist der subtile Aufbau des männlichen Selbstwertgefühls. Natürlich weiß er genau, daß wir ihn zur Entscheidung solcher Fragen nicht im mindesten brauchen. Um so mehr faßt er es als Kompliment auf, wenn wir ihm Kompetenz in Sachen Stil einräumen. Nur am Rande bemerkt: Natürlich gefällt ihm dabei auch die vermeintliche weibliche Unterwerfung. Die Raffinesse dahinter ahnt er nicht im Traum.

Die Tricks, um Ihre Beziehung nicht nur am Laufen, sondern auch noch frisch zu halten

Der erotische Killer ist allgegenwärtig.

Die Kinder fegen, zu launigen Späßen aufgelegt, durch die Schlafzimmertür – just in jenem Augenblick, in dem seit langem wieder einmal Spannung aufzukommen scheint. Der Zustand der Küche erinnert in seiner Ausweglosigkeit an die letzten Tage der Menschheit, und die Debatte darüber, wer das drei Tage alte Bratfett entsorgt, verdirbt auch die letzte Nuance an erotischem Appetit. Seine Barthaare im Waschbecken? Die stören uns gar nicht so sehr. Warum ihm freilich die eine Zehntelsekunde an Zeit fehlt, die es kosten mag, sie wegzuspülen, weiß Gott allein. Souverän sehen wir schon die längste Zeit über Manieren hinweg, die in ihrer Unbefangenheit hart an die Grenzen der Zivilisation stoßen.

Wir selbst legen da schon mehr Disziplin an den Tag. Niemals würde es uns in den Sinn kommen, die Toilettentür in einer Anwandlung liebevoller Vertrautheit sperrangelweit offenzulassen. Wir achten auf unsere Intimsphäre. Dazu zählt selbstverständlich auch die Anschaffung anständiger Nachtwäsche. Der Firlefanz aus schwarzem Nylon war unsere Sache nur zu Beginn. „Er" liebt uns auch im Feinripphemd, das erstens wärmer und zweitens kochfest ist. Zumindest beschwert er sich nicht, wenn wir hygienisch warm verpackt neben ihm das nächtliche Auskommen finden. Er ist so zufrieden mit sich und der Welt, daß er, kaum daß sein Haupt das Kissen berührt, glücklich wie ein Baby einschläft. Was schließen wir daraus – oder besser: Was schließen jene daraus, die sich von Berufs wegen mit dem Wohl und Weh der Liebe auseinandersetzen, die Psychologen, die Eheberater, die Beziehungsexperten?

Nach vier Jahren, so die statistische Auswertung der Fachwelt, ist die Luft aus einer Beziehung entwichen. Die heiße zumindest. Was übrigbleibt, ist lauwarm bis handwarm. Jene Wassertemperatur eben, die man dem feinen Wollzeug gerade noch zumuten kann. Im Gegensatz zum Wolltextil besteht für handwarm umsorgte Beziehungen sehr wohl die Gefahr, früher oder später gänzlich einzulaufen. Vorbeugen ist in diesem Fall die entscheidende Maßnahme.

Das sind die wichtigen Punkte, die Ihrer Beziehung jenen Kick geben, der sie aus der Reichweite des lau gefüllten Handwaschbeckens katapultiert:

1. Schämen Sie sich. Das ist absolut wörtlich zu nehmen, und jeder Beziehungsberater wird es bestätigen: Wenn Sie Ihrem Lebensgefährten nur ungern die detailgenaue Beschreibung Ihrer Menstruation verheimlichen; wenn Sie den Nachtschlaf ökonomisch nutzen, indem Sie sich die Reste des Gurkenauflaufes als hautstraffende Maske auflegen; kurz: wenn Sie nicht die geringste falsche Scham kennen – dann sind Sie garantiert auf dem besten Weg, die Beziehung zu ruinieren. Also: Schämen Sie sich ein bißchen. Machen Sie die Badezimmertür zu, wenn Sie jene Rituale pflegen, deren Ergebnisse hinreißend aussehen, deren detailgenaue Vorgangsweise aber niemanden etwas angeht. Wer seine Intimsphäre bewahrt, bleibt für den Partner interessant.

2. Bleiben Sie die, die er mag. Sie haben den Mann, den Sie immer wollten? Fein. Behalten Sie ihn, indem Sie die bleiben, die er mag. Es gibt Frauen, die für den Tag der standesamtlichen Trauung bereits einen Friseurtermin fixieren: Jetzt, wo er an der Angel ist, kann die umständliche Mähne ja entfallen. Eine Kurzhaarfrisur ist viel vernünftiger bei dem Streß. Vielleicht stimmt das ja auch. Aber wenn der

Fall der Haare noch einhergeht mit dem schleichenden Verfall der von ihm geliebten Sitten, wenn der Acrylslip vom Wühltisch fortan das Edeldessous ersetzen soll (irgendwie muß die Eigentumswohnung schließlich bezahlt werden), dann setzen Sie auf die falsche Taktik. Um zu halten, was Sie haben, sollten Sie bei Ihrer Person keine Abstriche machen. Bleiben Sie sexy. Er dankt es Ihnen.

3. Schaffen Sie Abstand. Vielleicht der wichtigste Tip, um eine Beziehung lebendig zu halten. Schaffen Sie sich eigene Freiräume, bestehen Sie auf Zeit, die nur Ihnen allein gehört. Wie Sie diese nutzen, ist ganz egal. Wissenschaftlich ist es längst erwiesen, daß beispielsweise getrennte Schlafzimmer der Beziehung enorm guttun. Bei Paaren mit getrennten Schlafzimmern, so frohlockt die Statistik, flaut die erotische Spannung auch nach vielen Jahren nicht ab. Natürlich ist gemeinsames Kuscheln, Einschlafen und Aufwachen wunderbar – trotzdem tut es langfristig gut, den Mann, den man liebt, nicht als Dauermieter zu genießen.

4. Klinken Sie sich aus. Zum Beispiel im Rahmen sehr intimer Feste, wo sich Gastgeber und Gastgeberin Genüge tun. Wenn Sie Kinder haben: Gönnen Sie den Kleinen ein Wochenende bei der Oma und sich selbst zwei Tage Luxus. Sie brauchen gar nicht wegzufahren, in eines der so oft zitierten „verschwiegenen kleinen Landhotels". Sind die Knirpse aus dem Haus, können Sie jene Dinge, die im Landhotel viel Geld kosten, zu Hause vermutlich bequemer praktizieren. Ein besonderes Essen, Kerzen, Champagner, ein bißchen Erinnerung an den ersten Kuß. Sie wissen schon. Solche Tage, an denen Sie beide sich „ausklinken", wirken auf eingefahrene (und schon ein bißchen eingeschlafene) Beziehungen wie eine Vitaminspritze.

5. Lassen Sie ihn, wie er ist. Auch wenn Sie ein pädagogisches Naturtalent sein sollten und Männer lieben, an de-

nen es noch etwas zu tun gibt: Lassen Sie ihn, zumindest in groben Zügen, als den bestehen, den Sie liebengelernt haben. Dafür, daß Sie ihm die Raucherei abgewöhnt haben, ist er Ihnen vielleicht von ganzer Lunge dankbar. Dafür, daß er keinen Schnurrbart mehr trägt, ist Ihnen vielleicht seine Mutter dankbar. Dafür, daß er die Füße nicht mehr auf den Schreibtisch legt, vielleicht seine Sekretärin, dafür, daß er keinen Whisky mehr trinkt, seine Leber . . .
Die Liste ist lang. Lassen Sie's gut sein. Sie wollen doch einen Mann und keinen weichgespülten, pflegeleichten Hausfrauenstolz.

6. Delegieren Sie. Weder er noch Sie haben Lust, nach einem Acht-, Zehn- oder Zwölfstundentag die Wohnung aufzuräumen, die Wäsche zu bügeln, den Sittich zu füttern (vielleicht noch am ehesten). Er mag den Müll nicht hinuntertragen? Seien Sie ehrlich: Sie doch auch nicht. Er will das schmutzige Geschirr nicht spülen? Reißen Sie sich etwa darum? Na also. Anstatt zu debattieren, lernen Sie delegieren, und haben Sie das Herz, eine Putzhilfe zu bezahlen. Sie investieren damit in erster Linie in Ihre Beziehung.

7. Beichten Sie nie. Psst! Auch wenn es Ihnen schwerfällt. Kein einziges Wort. Absolutes Stillschweigen. Nein, auch der besten Freundin dürfen Sie nichts sagen. Gerade der nicht. Oder wollen Sie den Menschen, die Sie mögen, Gewissensbisse machen? Sie haben sich für einen Seitensprung entschieden – nun müssen Sie auch schweigen können. Auch wenn Ihr Partner etwas ahnt, er weiß noch nichts. Ihre Devise kann nur lauten: unbeirrt abstreiten. Wenn Sie den Seitensprung zugeben, verlieren Sie die Kontrolle über den weiteren Ablauf. Ihr Partner wird Ihnen vielleicht verzeihen, aber er wird es nie vergessen. Und er wird Sie immer wieder fragen: „Warum hast du es gemacht?", „Wirst du es wieder tun?", „Wie war es?" Es war ein schöner, prickelnder, aufregender Seitensprung. Hüten Sie Ihr Wissen.

8. Geben Sie ihm das Gefühl, der Größte zu sein. Männer sind eben so: Selbst der beschürzte Haus-Softie, der sein faserschmeichelweiches Ego beim Umtopfen der Fensterpflanzen befriedigen kann, blüht auf, wenn Sie ihn in Ihren Augen größer machen, als er ist. Jeder Mann liebt das Gefühl, ein bißchen Beschützer, ein bißchen Macho, ein bißchen der Dominante zu sein. Nehmen Sie die Zügel in die Hand, und geben Sie ihm das Gefühl, der Tollste zu sein. Er trabt voll Freude dorthin, wo Sie möchten.

PS, welches sich eigentlich von selbst versteht: Das gleiche gilt natürlich auch für seinen „wertvollsten Körperteil". Wenn er vielleicht als Heimwerker, trotz guter Gerätschaften, nur im Schlagbohren firm ist, bei feineren Arbeiten aber leicht die Geduld verliert, dann weisen Sie ihn liebevoll zurecht. Jeder ist lernfähig, auch Ihrer.

Der Test: Hat er Ihre Klasse?

Sicher, Sie lieben ihn. Mehr. Oder weniger. Er sieht passabel aus, vielleicht auch sehr gut. Er hat Manieren, weiß, wo der Knopf des Geschirrspülers ist und hebt seine Socken selbst vom Boden auf. Ein netter Mann.

Vielleicht sind Sie ja auch mit ihm verheiratet. Seit ein paar Monaten. Oder seit fünf Jahren. Oder länger. O nein, niemand zweifelt daran, daß er gut zu Ihnen paßt. Ich jedenfalls nicht.

Und Sie selbst? Sie könnten darüber lange nachdenken. Und in drei Jahren vielleicht draufkommen, daß Sie sich in ihm geirrt haben. Sie könnten Ihre Freundinnen fragen. Auf deren Rat ist in diesem speziellen Fall nicht unbedingt Verlaß. Sie könnten Ihre Mutter fragen. Das schafft aber

nur Probleme, wo vielleicht gar keine sind. Sie könnten auch den nachfolgenden Test machen.
Nehmen Sie sich zehn Minuten Zeit. Und Sie wissen, ob der Mann an Ihrer Seite Ihre Klasse hat.
Oder eben nicht.

Kreuzen Sie bei den nachfolgenden Testfragen jeweils jenen Buchstaben an, der am ehesten Ihrer Meinung entspricht:

1. In einer Magazin-Bestsellerliste haben Sie einen Buchtitel entdeckt, der Ihr Interesse weckt. Sie erwähnen das Ihrem Partner gegenüber. Welche Reaktion entspricht ihm?

A. Er überhört meine Äußerung oder wechselt das Thema, signalisiert also deutliches Desinteresse.
B. Er hört zu, bemüht, meinen Schilderungen zu folgen.
C. Er sagt: „Kauf das Buch, es interessiert mich auch."
D. Er greift in seinen Aktenkoffer und holt das Buch heraus.

2. Stellen Sie sich vor, Sie sind mit Ihrem Partner in einem Restaurant, die Qualität des Essens läßt aber ziemlich zu wünschen übrig. Wie würde er wahrscheinlich reagieren?

A. Er beschwert sich beim Kellner, was mir unangenehm ist.
B. Er beantwortet die Abschlußfrage des Kellners, ob es denn geschmeckt habe, mit einem herzhaften „Nein".
C. Er ist so höflich und bietet mir sein Gericht zum probeweisen Tausch an.
D. Er würde sich gerne beschweren, akzeptiert aber meinen Einwand, daß ich das nicht möchte.

3. Sie waren mit seinem neuen Auto unterwegs und haben einen kleinen Blechschaden gebaut. Was – ungefähr – sagt er?

A. „Mach dir keine Gedanken. Wir lassen es reparieren."

B. „Typisch. Mir wäre so etwas nicht passiert."

C. „Paß gefälligst künftig besser auf. Sicher kann das jedem passieren, aber die Kosten für den Schaden übernimmst jetzt bitte du."

D. „Nie wieder borge ich dir mein Auto, und wenn es nur für fünf Minuten ist."

4. Auf einer Party werden Sie von einer Bekannten brüskiert. Sie wehren sich, ein Wort ergibt das andere. Ihr Partner lauscht dem kleinen Gefecht. Vorerst still. Dann . . .

A. . . . drängt er mich zum Aufbruch.

B. . . . mischt er sich ein und unterstützt letztendlich den Standpunkt der Kontrahentin.

C. . . . setzt er meine Gegnerin mit einer gekonnten Bemerkung außer Gefecht.

D. Nichts davon passiert. Er mischt sich nicht ein.

5. Sie haben in der besten Boutique der Stadt einen traumhaften Kaschmirmantel gesehen. Sündteuer, aber Sie müssen ihn unbedingt haben. Sie erzählen Ihrem Partner davon, der dagegen ist, ein Vermögen für das Stück auszugeben. Die absehbaren Folgen?

A. Wenn ich den Mantel doch kaufe, riskiere ich mit Sicherheit einen ernsten Streit.

B. Ich bin sicher, daß ich meinen Partner mit geduldiger Überzeugungsarbeit dorthin bekomme, wo ich ihn haben will.

C. Er akzeptiert meine Entscheidung, bezahlt aber nicht.

D. Ich bin ziemlich sicher, daß er mich mit dem guten Stück heimlich überraschen wird. Vielleicht nicht sofort, aber bald.

6. Wie groß ist der Altersunterschied zwischen Ihnen?

A. Wir sind beide ungefähr gleich alt.
B. Er ist bis zu zehn Jahre älter als ich.
C. Er ist mehr als zehn Jahre älter als ich.
D. Er ist einige Jahre jünger als ich.

7. Sie bekommen einen Traumjob angeboten, was aber mit sich bringt, daß Sie für den Partner künftig weniger Zeit als bisher haben. Wie nimmt er es auf?

A. Er gratuliert mir und rät, den Job zu nehmen.
B. Er äußerst sich zwar nicht ausgesprochen negativ, läßt mich aber spüren, daß er im Grunde dagegen ist.
C. Es gibt eine Auseinandersetzung, er ist eher dagegen.
D. Er ist gekränkt und reagiert nach der Devise: Job oder er.

8. Autos verändern die Person, die hinter dem Steuer sitzt. Wenn Sie sich den Wagen Ihres Partners ausleihen – wie fühlen Sie sich dann?

A. Sein Auto paßt nicht zu mir. Ich fahre auch nicht besonders gerne damit.
B. Ich genieße den Blick der anderen, die denken, daß das mein eigenes Auto ist.
C. Ich merke keinen Unterschied zu meinem Wagen. Autos sind mir im Grunde ziemlich egal.
D. Er hat kein Auto.

9. Wie ist seine Schul- bzw. Ausbildung?

A. Sie entspricht meiner.
B. Sie ist besser als meine.
C. Sie ist etwas schlechter als meine.
D. Sie ist erheblich schlechter als meine.

10. Wenn Sie Ärger oder Unannehmlichkeiten im Büro haben – weiß dann Ihr Partner davon?

A. Nein, er hat meistens keine Ahnung davon.
B. Ich erzähle davon, und er hört zu, ist allerdings nicht besonders interessiert.
C. Er gibt mir den einen oder anderen Ratschlag.
D. Er weiß über meinen Job sehr gut Bescheid.

11. In der Nähe Ihres Urlaubsortes gibt es einen weltberühmten Dom, den man im Grunde besichtigen sollte. Was tun Sie und Ihr Partner?

A. Mein Partner käme nie auf die Idee, den Dom zu besichtigen, und alleine mag ich nicht hin.
B. Wenn mich der Dom interessiert, dann fahre ich hin und erzähle meinem Partner nachher davon.
C. Mein Partner interessiert sich sehr für Kultur, er würde mir schon vor der Besichtigung etwas über die Epoche des Bauwerkes erzählen, so daß auch mein Interesse geweckt ist. Dann fahren wir gemeinsam hin.
D. Wir fahren gemeinsam zur Dom-Besichtigung, da gibt es für uns beide keine Frage.

12. Mögen Sie es, Ihren Partner Freunden und Bekannten vorzustellen?

A. Ja, weil ich stolz auf ihn bin.
B. Natürlich, weil es sich so gehört.
C. Eher nein, weil er sich manchmal nicht gerade vorbildlich benimmt.
D. Nein, das ist mir eher unangenehm.

13. Wie würden Sie die „Ex" Ihres Partners beschreiben?

A. Ich glaube, daß sie mir in vielen Dingen überlegen war.

B. Sie hat ziemlich viele Ähnlichkeiten mit mir.

C. Mein Partner hat es sich um Klassen verbessert, als er mich kennenlernte.

D. Eine merkwürdige Person. Ich frage mich, wie er zu der gekommen ist.

14. Wie würde aller Wahrscheinlichkeit nach Ihr „Ex" auf Ihren jetzigen Partner reagieren?

A. Er würde mir beleidigte Blicke zuwerfen.

B. Er würde sich mit ihm vermutlich ganz gut verstehen.

C. Er würde mir meinen guten Geschmack bestätigen.

D. Er würde merken, daß er gegen den Neuen keinerlei Chance mehr hat.

Die Auflösung

	A	B	C	D
1	0	5	10	20
2	0	4	9	20
3	18	4	7	0
4	4	0	19	7
5	2	8	13	20
6	7	15	10	4
7	20	5	12	2
8	0	17	10	4
9	10	20	5	0
10	2	5	15	18
11	5	0	20	15
12	20	10	5	0
13	18	11	6	0
14	0	10	15	18

Die Stunde der Wahrheit

Bis 89 Punkte: Gleich vorweg das Wichtigste: Ihre Partnerschaft ist vielleicht ganz wunderbar und hat auch möglicherweise gute Chancen auf langen Bestand. Aber vieles spricht dafür, daß Ihr Partner – oder derjenige, an den Sie bei diesem Test dachten – nicht Ihre Klasse hat. Das ist im Grunde gar nichts Negatives: Es gibt eine Menge Frauen, die weit unter Ihrer Klasse liiert waren und trotzdem sehr glücklich geworden sind. Psychologen wissen, daß viele Frauen dieses Gefühl geradezu brauchen, dem Geliebten überlegen zu sein. Auf der anderen Seite gibt es auch genug Männer, die gerne eine stärkere Frau um sich haben. Trotzdem: Auch wenn Sie im Moment vielleicht sehr verliebt sind, sollten Sie künftig die Augen offenhalten. Es sei denn, Sie sind wirklich der Typ, der wie Liz Taylor bis ans Lebensende mit einem Mann liiert sein möchte, der stolz darauf ist, nicht zur „Klasse"-Gesellschaft zu gehören. Im Grunde haben Sie einen niveauvolleren Mann verdient.

90 bis 169 Punkte: Fast könnte man Ihnen gratulieren. Ihr Partner hat zwar nicht genau Ihre Klasse, aber er kommt ihr zumindest nahe. Er ist bemüht, Sie zu verstehen, mit Ihnen Schritt zu halten, Sie zu unterstützen. Er verwöhnt Sie zudem so, wie Sie es gerne möchten. Trotzdem sollten Sie bedenken, daß kleine Gratifikationen wie Geschenke und Besuche im Nobelrestaurant nur einen Teil dessen ausmachen, was man unter Klasse versteht. Geld ausgeben kann zur Falle werden, besonders dann, wenn man im Gourmettempel gemeinsam Lendchen an Basilikumschaum speist und nicht weiß, worüber außer über das zu scharf gewürzte Lendchen man sich unterhalten soll.

Über 170 Punkte: Ihr Partner hat Ihre Klasse. Er ist nicht sehr leicht zu befriedigen, hält immer nach neuen Herausforderungen Ausschau. Doch das gefällt Ihnen ja auch an ihm. Er ist ein Siegertyp, und so gesehen müssen Sie aufpassen, um mit ihm geist-, stil- und geschmackmäßig mithalten zu können. Ob Ihre Beziehung lange hält – wer kann es sagen. Sie sollten sich hier und heute freuen. Und genießen.

Nachwort

von Heinz Sichrovsky

Das vorliegende Buch ist brillant, kompetent, nützlich und lehrreich. Schließlich stammt es von Uschi Fellner, die dem Begriff der Klassefrau näher kommt als die meisten anderen mir bekannten Personen weiblichen Geschlechts. Doch kann ich im nunmehr neunten Jahr freundschaftlich vertrauter Zusammenarbeit garantieren: Tricks benötigt Uschi Fellner dazu so dringend wie ein Adler Flugstunden bei der AUA.

Der Vollständigkeit halber – denn dem Leser soll ja nichts verschwiegen werden – sei die einzige Ausnahme enthüllt: Die seelenvolle Veilchenfarbe ihrer Augen ist Optikerarbeit. Hinter den (hiemit als solche enttarnten) Kontaktlinsen verbirgt sich die Farbe des Eises, kalt wie das Blau der Hölle. Daraus läßt sich die erste Regel im Umgang mit der Autorin filtern: Wir Normalmenschen mit den eben mäßigen Zügen lassen uns von ihren ebenmäßigen Zügen leicht täuschen. Doch die oft kolportierte Sanftmut der blonden Schönheit ist ihr fern. Vielmehr ist ihr eine sachte, höchst amüsante Art von Grausamkeit eigen. Dafür, daß sie keinen Heil- und Helferberuf ergriffen hat, müssen ihr die Bresthaften und Benachteiligten dieser Erde aufrichtig dankbar sein: Schwitzende Verlierer wecken in ihr den Jagdtrieb. Die Intaktheit dieses zweitältesten Instinkts der Menschheit war für mich stets das Verblüffendste am Mysterium Uschi Fellner: Ist doch der Begriff „Natur" für sie sonst lediglich als aktueller Farbton aus der Welt der Couture von Interesse. Und weist sie doch mit glaubhafter Ab-

scheu jede andere Fortbewegungsart als die gottgegebenen
Varianten Auto und Flugzeug zurück.

Uschi Fellner gewinnt immer. Sie äußert einen Wunsch,
worauf das Schicksal geschmeichelt errötet und zum Voll-
zug eilt. Daß ihr etwas mißlingen könnte, ist unvorstell-
bar. An der Seite eines raumverdrängend erfolgreichen
Mannes macht sie keinerlei Anstalten, zur Nebenerwerbs-
gattin zu verkümmern. Sie arbeitet enorm viel, doch die
beiden Kinder gedeihen tadellos (wie das zugeht, hat sie
uns in ihrem Bestseller „Wir Rabenmütter" wissen lassen).
Sie ist der einzige mir bekannte Mensch, dem Depressio-
nen so fremd sind wie unsereinem der Zustand der Depres-
sionsfreiheit. Ihre Lieblingsfarbe ist ein strahlendes Gelb,
und ich bin gegen alle Indizien davon überzeugt, daß sie im
Sternzeichen des Löwen geboren ist. Sie ist zwar Wasser-
mann, doch als astrologisch Unkundiger kann ich nur ver-
muten, daß es sich um die zoologische Verwechslung mit
einem Seelöwen handelt.

Was mich nun vollends in Verwunderung versetzt, ist die
Klasse, mit der sie sich innerhalb der oft gefährdeten Spezies der Redakteurin für Frauen-, Lebens- und Erotikfragen
behauptet.

Die gängigsten Prototypen sind geläufig:

Seit den späten siebziger Jahren ständig im Aussterben begriffen: die *feministische Publizistin alter Schule*. Sie weiß sich
von Johanna Dohnals gesammelten Reden und Schriften
sicher durch das Berufsleben geleitet und reklamiert im
Sinne größerer Gerechtigkeit mehr Frauen auf Ölbohrin-
seln in der Nordsee. Die feministische Publizistin alter
Schule hat es noch schwerer, seit die Latzhose als Uniform
abgeschafft wurde. Seither greift auch sie zögernd zur Couture. Doch die teuren Stücke wirken an ihr, als seien sie
nach den Schnittvorlagen von „Burda-Moden Minsk"
selbstgeschneidert.

Die Autorin des vorliegenden Buches hingegen, eine der
emanzipiertesten mir bekannten Frauen, könnte auch eine

Russenhaube aus der Konkursmasse der verwichenen Roten Armee tragen und erschiene wie von Gaultier bekleidet.

Schlimmer als die (irgendwie liebenswerte) feministische
Publizistin alter Schule ist die *Lifestyle-Redakteurin der
achtziger Jahre.* Prototyp und Opfer des Jahrzehnts der Kon-
sumtrottel, hat sie ihre Illusionen für jedermann sichtbar
an zu vielen Theken gelassen. Aus jeglicher Façon geraten,
mutmaßt sie mit nicht nachvollziehbarer Kompetenz
schriftlich, öffentlich und erfolglos über Fragen des Bei-
schlafs und der Bekleidung.

Uschi Fellner hingegen, die das leserreichste heimische
Lifestyle-Ressort der neunziger Jahre leitet, betreibt das
Geschäft voll Witz und Ironie, denn Schwitzhändigkeit ist
ihr physisch, seelisch und publizistisch fern. Von ihrem
Geschmack durch die mannigfachen Klippen des Stils pilo-
tiert, könnte sich selbst ein Hydrant als Dandy präsentieren.

Mit anderen Worten: Wenn Frauen der bessere Teil der
Menschheit sind – und ich zweifle nicht daran –, so reprä-
sentiert die Autorin den besseren Teil des besseren Teils.
Weshalb dieses Buch als Gegenmanifest zur Klasse-losen
Gesellschaft zu gelten hat.

Heinz Sichrovsky

Heinz Sichrovsky ist Kulturchef und
Stv. Chefredakteur bei NEWS.